조선시대
최초의
제사 지침서

奉先雜儀

역자

김순미

역자는 2005년 불교의례로 박사학위를 받은 뒤, 『한국예학총서』(경성대학교 한국학연구소)를 만드는 일에 참여하면서 유가례, 시속례에도 깊은 관심을 가지고 공부하고 있다. 그래서 불교의례집인 『(국역)천지명양수륙재의범음산보집』(양사재)을 번역하였고, 조선조 가례학의 대체적인 체계와 중요한 학설을 개관하는 데 도움을 주는 『(국역)가례증해』(민속원) 번역 작업에 참여하였으며, 이와 관련된 「佛家의 喪禮와 僧喪服圖」, 「『석문가례초』의 五服圖 연구」, 「晦齋 李彦迪의 『奉先雜儀』 연구」 등의 논문이 있다. 현재는 경성대학교에서 초빙교수로 재직하면서 한국 예속과 관련된 강의를 하고 있다.

조선시대 최초의 제사 지침서

: 풀어 쓴 『봉선잡의』

초판 1쇄 발행 2016년 1월 22일

지은이 이언적 **옮긴이** 김순미
펴낸이 홍기원

총괄 홍종화
편집주간 박호원
편집 · 디자인 오경희 · 조정화 · 오성현 · 신나래 · 김선아
이효진 · 남도영 · 이상재 · 남지원
관리 박정대 · 최기엽

펴낸곳 민속원
출판등록 제18-1호
주소 서울시 마포구 대흥동 337-25(토정로 25길 41)
전화 02) 804-3320, 805-3320, 806-3320(代)
팩스 02) 802-3346
이메일 minsok1@chollian.net, minsokwon@naver.com
홈페이지 www.minsokwon.com

ISBN 978-89-285-0859-4 93380

이 도서의 국립중앙도서관 출판시도서목록(CIP)은 서지정보유통지원시스템 홈페이지(http://seoji.nl.go.kr)와 국가자료공동목록시스템(http://www.nl.go.kr/kolisnet)에서 이용하실 수 있습니다.(CIP제어번호: CIP2016000615)

※ 책 값은 뒤표지에 있습니다.
※ 잘못된 책은 바꾸어 드립니다.

조선시대 최초의 제사 지침서

풀어 쓴 『봉선잡의』

이언적 지음
김순미 옮김

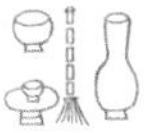

민속원

제상祭床 회재의 불천위不遷位 제사를 모시기 전에 제상을 마련한 장면. 더러운 것이 떨어지는 것을 막기 위해 무명천으로 제상 위를 가렸고, 병풍은 정결하게 하기 위해 그림이나 글씨가 없는 것을 사용한다.

출주出主1-사당내祠堂內 불천위 제사를 모시기 위해 사당에서 회재의 신주를 내는 장면

출주出主2-사당내 불천위 제사를 모시기 위해 사당에서 회재의 신주를 내어 외문外門을 나서기 전 장면

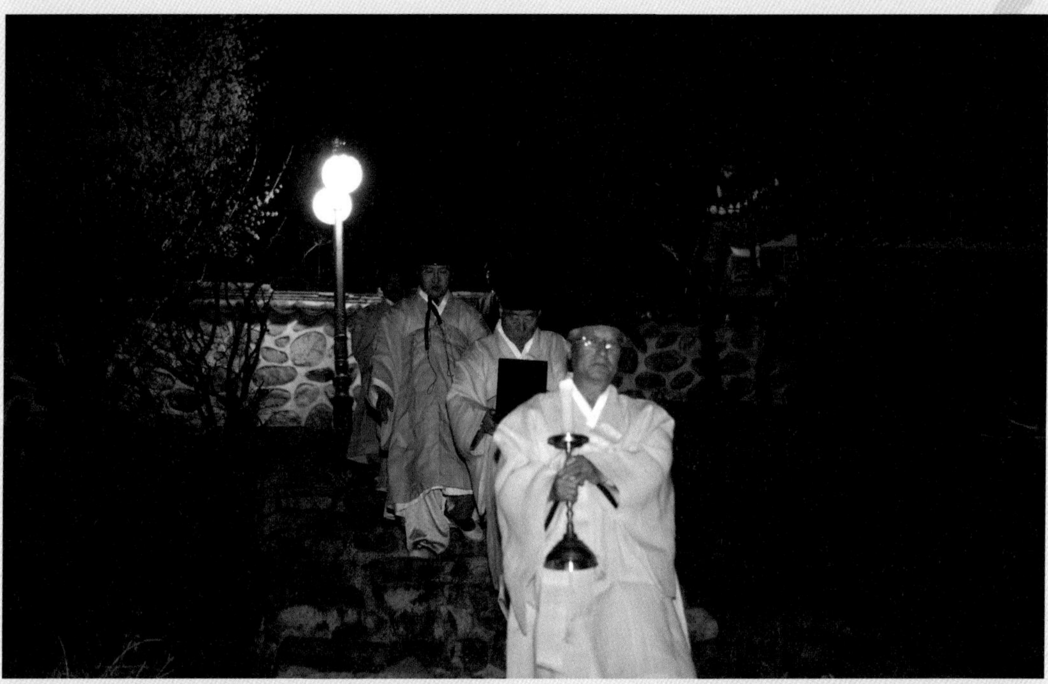

출주出主3-사당외祠堂外 사당에서 회재의 신주를 내어 외문을 나서 계단으로 내려오는 장면

서립序立 회재의 불천위 제사는 음력 11월 22일이다. 한겨울 날씨가 무척 쌀쌀한데도 후손들은 마당에서 신발을 벗고 서립을 하고 있다. 종손을 제외한 후손들은 당에 오르지 않고 당 아래에서 서립을 하고 배례를 한다. 그래서 후손들의 시선이 모두 높은 곳인 무첨당을 향하고 있다.

진찬進饌 참신參神과 강신降神을 하고 진찬이 끝난 장면

초헌初獻 종자의 초헌. 작주酌酒(잔에 술을 따름)를 하는 장면

독축讀祝 초헌 절차에서 축이 축문을 읽을 때 초헌관인 종손이 부복俯伏하고 있다.

아헌亞獻 아헌을 하는 장면. 회재 종가에서는 종부가 아헌을 하지 않는다.

종헌終獻 『봉선잡의』에는 형제 중 연장자나 장남, 혹은 가까운 빈이 하는 것으로 되어 있다.

합문闔門 불천위 제사는 무첨당無忝堂에서 지내기 때문에 방문이 따로 없다. 그래서 글씨나 그림이 없는 깨끗한 병풍으로 앞을 가려 문을 닫는 것을 대신한다.

묘제墓祭1 묘제를 지내는 장면

묘제墓祭2

묘제墓祭3 묘제를 지낼 때 독축하는 장면. 회재 17대 종손이 부복하고 있다.

묘제墓祭-설상設床 두 위位의 묘제 음식을 올린 장면

회재 묘소 포항시 남구 연일읍延日邑 달전리達田里에 있다.

회재 신도비神道碑 묘소 아래에 있는 신도비. 회재의 신도비는 2기가 있는데, 하나는 회재의 위패를 모시고 있는 옥산서원에 있다.

무첨당無忝堂 전경 불천위 제사를 모시는 무첨당. 오른쪽에 보이는 계단으로 오르면 회재의 신주를 모시는 사당이 나온다.

무첨당 사당 회재의 신주를 모시고 있다.

옥산서원玉山書院 회재의 위패를 모시고 있는 서원. 이언적李彦迪의 덕행과 학문을 추모하기 위해 1572년(선조 5) 경주부윤 이제민李齊閔이 지방 유림의 뜻에 따라 창건했다. 1574년 사액賜額 서원이 되었다. 1871년 대원군이 서원을 철폐할 때 훼철되지 않고 존속된 47개 서원 중의 하나이다.

옥산서원玉山書院의 사당(체인묘體仁廟)과 신도비각神道碑閣

서문

주자의 『가례』가 우리나라에 들어온 것은 고려 말이다. 그 이후 국가 차원에서 『가례』를 널리 권장하였고, 조선조에 들어와서는 사대부 사족은 물론 민간에까지 『가례』 규범을 준수하고자 노력하였다. 그래서 조선의 예학은 대개 주자의 『가례』를 근간으로 하는 사당 및 관혼상제冠婚喪祭의 연구가 핵심이었다. 그 결과 집안마다 분수에 맞는 법도를 세웠고 이것이 일가지례一家之禮의 풍속을 이루게 된다.

조선시대는 예禮를 모르고서는 행세를 할 수 없을 정도로 예학이 중시되었고, 그에 따라 논변과 예서의 저술이 흥성하였다. 조선 후기로 오면 오히려 이것이 지나쳐 사람들의 생활과는 괴리되게 번문욕례繁文縟禮의 폐단이 생겨났던 것 또한 사실이다. 게다가 주자를 존숭한 나머지 우리나라 풍속과는 거리가 있음에도 『가례』에 있는 절차를 그대로 준수해야만 하는 것으로 여기는 부류도 있었다.

조선후기의 이러한 분위기와 비교할 때 가례 연구의 선두에 있는 회재 이언적(1491~1553)의 『봉선잡의』는 우리 풍속을 중심에 놓고 서술하고 있어서 주체적인 정신이 돋보이는 저술이라고 할 수 있다. 국가의 예전인 『국조오례의』를 고려했고, 무엇보다도 조선의 시속례時俗禮와 생활수준을 고려하여 가감할 수 있게 대체적인 틀만 제시하고 있다. 그리고 제례에서 형식보다도 더 중요하게 여겨야할 본래의 뜻을 되새기라는 의미에서 『예기』, 『논어』 등에서 채록한 글로 『봉선잡의』하편을 만들어 제례의 본의本意를 재삼 강조하고 있다.

오늘날 관혼상제 가운데 적어도 제례만큼은 전통의 모습을 많이 간직한 채 여전히 설행되고 있으나 이것이 바쁜 현대인들에게는 뜨거운 감자다. 세계가 동양의 문화를 주목하고 있고, 그 가운데 한국만이 내세울 수 있는 차별적인 것이 있다면 조상을 추모하면서 나의 뿌리를 소중하게 여기는 제례문화를 빼놓을 수 없다. 그러나 옛날과 삶의 방식이 많이 달라진 오늘날 전통방식 그대로 지켜나가기도 없애버리기도 어렵다. 나의 정체성을 확인시켜주는 이 문화가 앞으로도 전승되길 바란다면 현대인들의 삶의 방식에 맞게 변형되는 것에 거부감을 느낄 필요는 없을 것이고 대신 본질이 변형되지는 않도록 해야 할 것이다. 이런 점에서 제례는 어떤 의례보다도 관심을 갖게 되는데, 우리의 시속을 반영하고, 대체적인 틀만 제시하며, 본질을 강조하는 『봉선잡의』가 한 가지 단서가 되지 않을까 생각한다.

역자는, 조선시대가 국가적으로 유학을 표방하고 유가례가 생활의 중심으로 자리 잡았으면서도 한편으로는 양반들이 사찰을 통해 불사佛事를 행한 것을 흥미롭게 생각한다. 이것은 고려의 유풍일터인데, 유가례의 부족한 어떤 부분을 불가례로 채우고 있는지, 왜 그래야만 했는지, 두 전례가 혹시 혼합된 채로 나타나지는 않는지 관심을 갖고 있다. 그러던 중에 2008년 『한국예학총서』를 만드는 일에 참여하면서 조선시대 최초의 제사 지침서라고 할 수 있는 『봉선잡의』(1550년 편찬)를 접하게 되었다. 이 책이 저술되기 전에도 가정의례에 대해 논변한 것이 있지만, 대부분 문집에 실린 짧은 글이기 때문에 서책의 형태로 엮어진 것은 『봉선잡의』가 최초라고 할 수 있다. 이 사실 하나만으로도 『봉선잡의』는 우리나라 예학사에서 의미있게 다루어야 할 서적이다.

2011년 이 책의 국역을 끝낸 뒤, 회재는 『가례』를 어떻게 받아들였는지 논문으로 작성하고자 마음먹고, "회재 이언적의 『봉선잡의』 연구"란 제목으로 『민족문화』43집(한국고전번역원, 2014. 6)에 실었다. 기왕에 나온 국역서가 없었기에 내친김에 이 논문과 국역본을 합쳐 책으로 엮고자 생각했다. 그러던 중에 양동문화연구소에서 책 출간을 앞두고 있다는 소식을 접하게 되었고, 2014년 12월에 이 책이 출판되었다.

모든 일은 다 때가 있고 역자는 혼자서 이 일을 벌였던 터라 급할 것도 없어 오탈자와 오역을 잡아내고 가독성을 높이기 위해 각종 예서에 있는 도표를 찾아 『봉선잡의』의 설명에 맞게 재구성하는 작업을 더하느라 1년여의 시간을 더 지체했다. 그 시간이 역자에게 『봉선잡의』를 다시 깊이 있게 공부하는 계기가 되었다. 그 사이 회재 17대 종부 신순임 씨가 낸 시집에서 회재와 관련된 세 편의 시를 써도 좋다는 허락을 받아 실을 수 있었다. 고마울 따름이다.

겸사겸사 회재 불천위 제사 사진을 절차마다 찍어 삽입함으로써 좀 더 생동감 있는 책이 되게 하고 싶었으나 엄숙해야할 불천위 제사에 사진 촬영을 하느라 소란스러운 일이 있은 후로 문중 어른들이 허락하지 않는다 하였다. 어쩔 수 없이 여강 이씨 종친회에서 사진을 얻는 것으로 대신하였다. 귀한 사진을 선뜻 내어주신 대종회 이무원 사무총장님, 이 책의 출판과 관련하여 많은 조언을 해 주신 정경주 교수님과 정길연 선생님, 남편에게도 감사의 마음을 전한다. 끝으로 상업성도 없이 품만 많이 들어가는 이 책의 출판을 맡아 주시고 보잘 것 없는 솜씨를 돋보이게 만들어 주신 민속원 홍종화 대표님과 편집하느라 애쓰신 분들께 모두 감사의 인사 올린다.

2016년 1월 15일

안락동 서재에서

김순미 씀

奉先雜儀

차례

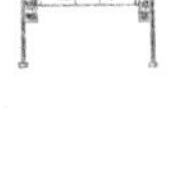

奉先雜儀

全

목백일홍

조상 섬김 일깨우는 봉선잡의가
북풍한설 앞세워 강계 안부 전해 온다

함박눈조차 앉기 멈칫하는 위엄 서린 알몸으로
양재역 벽서는 조작이었노라
엄동설한에도 얼지 아니하고
서슬 퍼렌 푸른 이끼 키우며
대문간 지키는 배롱나무

중종 흠모하며 '일강십목소' 올려
정치의 도리 전하였고
후학 위해
대학장구보유, 중용구경연의, 구인록
남기시니
청석 땅 뿌리 내린 유학자의 참뜻

살 에이는 바람에도 기품 있게 내려 살피며
지구촌민들에게 세세히 전하고 서있는

무첨당 목백일홍

회재 17대 종부 신순임 씀
『양동 물봉골 이야기』 中

해제

최초의 제례서 『봉선잡의』

『봉선잡의』의 특징

『봉선잡의』에 반영된 시의성

회재 이언적의 예학사상

『봉선잡의』의 의의

해제解題

최초의 제례서祭禮書 『봉선잡의』

회재 이언적晦齋 李彦迪(1491~1553)은 성리학 이론에 대한 이해가 심화되던 16세기 전반기에 성리학의 이론 정립과 유교의례의 보급에 선구적인 위치에 있었던 인물이다.[1] 예학사에서 볼 때, 16세기는 이미 수입되었지만 확대 시행되지 못한 『주자가례』[2]를 우리 풍속에 맞게 적용해 보는 시기이다. 그런 과정을 거쳐 16세기 후반기에 오면, 주자 예학 전반에 대한 이해가 깊어지면서 퇴계학파退溪學派, 남명학파南冥學派, 율곡학파栗谷學派, 화담학파花潭學派 등의 학파가 생겨나게 되고 이들이 이룬 학문적 성과는 훗날 '주자예학의 조선화'를 위한 이론적 기초가 된다.[3] 이런 점에서 회재가 편찬한 『봉선잡의』는 우리 풍속에 『가례』를 어떻게 적용시켜나갈 수 있는지를 여실히 보여주는 예서로서 최초의 구체적인 성과물[4]이라고 할 수 있다.

주자가 『가례』를 찬술하면서 송나라의 습속을 많이 차용했듯이[5] 회재도 이 책을 편찬한 1550년대 조선의 시속時俗과 국제國制를 많이 차용하고 있다. 국가에서 『가례』에 따른 예의 시행을 권고하고 있었기 때문에 『가례』를 근본으로 하여 책을 저술한다고는 하였지만, 무조건적인 주자 존숭의 자세로 『가례』를 조선사회에 그대로 적용하지 않았다. 이것은 후대에 나온 예서들이 『가례』의 편차를 그대로 좇고 절목마다 의미를 부여하여 온전히 따를 것을 주장한 것

1 도민재, 「회재 이언적의 예학사상 연구」, 『동양철학연구』35집, 동양철학연구회, 2003, 27면.

2 이후 『가례』라 칭함.

3 정경희, 「16세기 후반~17세기 초반 퇴계학파의 예학」, 『한국학보』26권, 일지사, 2000, 93~94면 참조.

4 도민재, 위의 논문, 14쪽. 이에 대해서는 황영환이 「한국 가례서의 발전계통에 관한 서지적 연구」, 『서지학 연구』10집, 864면, 1993.에서도 밝힌 바 있다.

5 김순미, 「『주자가례』와 조선의 시속례 일고찰」, 『국학연구』23, 한국국학진흥원, 2013.

과 달리 『봉선잡의』가 제례 부분만 다루면서 시속에서 행하지 않는 제례(초조제와 선조제)는 제외하고 있다는 점에서도 드러난다. 당시는 『가례』 전반에 대한 이해도가 깊지 않아서이기도 하고, 사례四禮 중에서 제례가 우리 생활 속에서 가장 빈번하게 일어나는 예제禮制이기 때문이기도 하며, 어떤 통과의례보다도 효孝의 정신을 잘 드러내는 의례이기 때문에 제례를 우선으로 다루었던 것이다. 그리고 오랜 시간에 걸쳐 적층된 한 나라 한 집안의 예를 예의 이론에 밝다고 하여 쉬이 바꿀 수도 없었을 것이다. 그러나 무엇보다도 중요한 것은 회재의 자율적이고 창의적이며, 과단성 있는 학문 정신[6] 이 있었기 때문이고, 관직 생활하는 동안 사건이 있을 때마다 어느 세력에도 치우치지 않고 온건한 해결책을 제시했던[7] 그의 성품에서 보여 주듯이 중용의 가치를 알고 실천하는 실천력이 있었기 때문에 가능했던 일이다.

그런 선상에서 사림士林들은 종법과 효의 강조를 통해 자신들 가문의 동질성, 문화적 차등성을 확보하고자 가가례家家禮를 정리하여 '제례서'를 만들어[8] 나갔는데, 그런 이유에서 이 당시는 단독 저서는 아니라도 상제례 위주[9]의 단편적인 글이 남아 전하는 것을 볼 수 있다. 그 중에서도 『봉선잡의』는 단독 저서로 두각을 나타내기 때문에 본고에서는 우선 『가례』와 『봉선잡의』의 비교를 통해 16세기 당시 조선의 제례 풍습을 보게 될 것이고, 이 과정에서 회재가 추구하는 예학 정신이 드러나게 될 것이다. 이를 통해 『봉선잡의』가 가지는 제례서로서의 새로운 가치를 발견해 보고자 하는 것이 본고의 목적이다.

6 회재라는 호는 주자(호;晦菴)의 학문을 따른다는 뜻이므로, 기본적으로 주자를 존숭하고 그의 학설을 정통으로 보기는 하지만, 그렇다고 주자의 사상을 그대로 수용하지는 않았고, 원시유학과 사서육경부터 시작해서 주자 등의 학문을 독자적으로 해석했다. 1517년(중종 12년) 영남지방의 선배학자이며 외삼촌인 손숙돈(孫叔暾)과 조한보(曺漢輔) 사이에서 성리학의 기본쟁점인 무극태극(無極太極)에 대한 논쟁이 벌어졌을 때, 약관의 나이에 이 논쟁에 뛰어들어 주희의 주리론적 견해를 바탕으로 두 학자의 견해를 모두 비판하여 자신의 학문적 견해를 밝히기도 했다. 그리고 주자가 중요하게 여기고 역점을 두었던 '격물치지보망장(格物致知補亡章)'을 그는 인정하지 않고, 대신 『대학장구』의 경 1장에 들어있는 두 구절을 '격물치지장'으로 옮겨 해석하였으며, 이런 개편에 대해서 우려를 표하자, 주자가 다시 나오더라도 이것을 따를 것이라며 자신의 해석에 확신을 보였으니, 회재는 과단성과 창의성을 겸한 진취적 학문 정신을 가지고 있다고 하겠다.

7 문정왕후의 수렴청정을 비판하는 사림파와 달리 명종이 아직 미성년이라는 점과 현명한 신하들이 올바르게 보필하면 된다는 점을 들면서 수렴청정을 비난하거나 반대하지 않은 것. 당시 세력의 핵심인 윤원형 등이 을사사화를 일으켜 사림파를 축출하려 할 때 추관(推官)이 되어 사림파 및 윤임 일파를 심문하는 일을 맡았지만 재판 당시 사림파들에 대한 관대한 판결을 내린 것. 이기(李芑)의 장인 김진(金震)이 탐관오리라 하여 청요직에 앉지 못했으나, 재능을 보고 적극 추천하여 요직에 발탁된 것 등.

8 고영진, 『조선 중기 예학사상사』, 한길사, 1995, 65~67면 참조.

9 농암 이현보의 〈祭禮〉(1547년), 하서 김인후의 〈家禮考誤〉(1550년), 이황의『退溪先生喪祭禮答問』(1560년), 이이의『擊蒙要訣』(1577년) 중의「喪制」,「祭禮」,「祭儀抄」 등이 있다. 도민재, 위의 논문, 14면 각주 15번 참조.

오늘날 각 가정에서 시행되고 있는 제사는 본질과 형식 모두 큰 변화의 바람을 타고 있다. 예는 시의時宜에 적절해야 하기 때문에 우리는 그 변화를 받아들여야만 하는데, 『봉선잡의』의 저술 의도와 목적이 그 지남指南이 되어주지 않을까 생각한다. 왜냐하면 이 책은 각 가문마다 혹은 가정마다 가가례家家禮로써 자율적으로 제례를 시행할 수 있도록 대체大體의 제례 절차만 제시하고 있기 때문에 후대의 예서가 형식화, 복잡화, 세밀화 되는 것과 차이를 보인다. 이런 점에서 봉사의 대수나 제례의 형식, 제수 음식, 합설 문제 등이 각 집안의 상황에 맞게 다변화되고 있는 오늘날, 형식만 좇아 흉내 내기식 제사를 지내기보다는 시속時俗과 국제國制 등 시의時宜에 맞게 본질에 충실해야 함을 강조한 『봉선잡의』의 가치를 되살리는 것은 유의미한 일이라고 생각한다.

『봉선잡의』의 특징

국립중앙도서관에 소장되어 있는 『봉선잡의』는 목판본木板本이며 상 · 하권 1책에 25장으로 구성되어 있는데, 11장이 상권이고, 13장이 하권, 1장이 발문으로 그리 두껍지 않은 책이다. 사주쌍변四周雙邊에 반곽半郭의 크기는 23.2×17.0cm이고, 유계有界에 10행行20행字 주쌍행註雙行에 내향흑어미內向黑魚尾가 있으며, 책의 크기는 32.9×22.0cm이다.

『가례』의 〈제례장〉이 사시제 · 초조제 · 선조제 · 네제 · 기일제 · 묘제의 여섯 가지 제례를 다루고 있음에 비해,『봉선잡의』에서는 초조제와 선조제를 뺀 나머지 제례만을 다루고 있다. 여기에 회재는 중국의 풍속과 다르기 때문에 생기는 행례의 차이에 대해 자신의 '안설按說'을 붙여 설명하는데, 여기에서 정情에 근거한 우리나라의 습속을 중요하게 여기고 『가례』보다는 시의성을 고려하여 국제를 우선시하는 모습을 보여준다.

『가례』가 〈사당장〉으로 시작되는 것과 마찬가지로 『봉선잡의』도 이 순서를 따르고 있다. 제사의 시작과 마침이 사당에서 이루어지기 때문이다. 『가례』 〈사당장〉 첫머리에 "이 장은 본래 〈제례〉에 있어야 맞다. 지금 보본반시報本反始하는 마음과 존조경종尊祖敬宗하는 뜻을 진실로 집안의 명분을 지키는 데 두는 것은 개업전세開業傳世하는 근본이기 때문이다. 그러므로 특별히

이를 지어서 편의 첫머리에 놓았으니,…"[10]라고 하였듯이 회재는 〈사당장〉을 이 책의 첫머리에 놓고 사시제 · 네제 · 기일제 · 묘제의 순서로 서술하였다. 사당은 유가의례의 중심이 되는 곳이기 때문에 비교적 사당에서의 행례절차는 자세히 기술하고 있으며, 상권 22면(11장) 가운데 10면을 차지한다. 그리고 제례 절차는 대동소이하므로 제일 처음에 기술한 사시제의 행례 절차는 자세히 기술하여 7면을 차지하고, 다음 네제는 1면, 기일제는 1면, 묘제는 3면을 차지하고 있다.

그리고 『봉선잡의』 하권에서는 『예기禮記』의 「제의祭義」와 「제통祭統」, 『논어論語』에서 인용한 제례의 의미에 대해 서술하고 있는데, 총25장 가운데 13장이나 여기에 할애하는 것으로 볼 때 거의 비슷한 무게감으로 제례의 형식만큼이나 예의 본질을 중요하게 다루고 있다. 예학의 부흥기라 할 수 있는 17~18세기에 간행된 가례서들이 대체로 행례 절차 위주로 구성되었다는 점을 상기할 때, 우리나라 최초로 예서의 형태를 갖춘 『봉선잡의』가 이러한 구성을 갖추고 있다는 것은 이 책의 특징[11]으로 삼을 수 있어서 우리나라 예학사에서도 중요하게 평가하는 점이다.

『봉선잡의』가 간행되기 이전에는 예가禮家에서 제례를 어떻게 행했는지 『이준록彝尊錄』의 〈선공제의先公祭儀〉를 보면 알 수 있다.[12] 이 글 역시 아직『가례』에 대해 본격적인 탐구가 있기 전에 쓰여진 것이므로 여기에 기술된 제의祭儀가 『봉선잡의』와 차이가 있는지, 혹은 수렴되었는지 알게 해 준다.

『이준록』은 점필재佔畢齋 김종직金宗直(1431~1492)이 부친 강호江湖 김숙자金叔滋(1389~1456)가 평

10 此章 本合在祭禮篇 今以報本反始之心 尊祖敬宗之意 實有家名分之守 所以開業傳世之本也 故特著此 冠於篇端….

11 白沙 李恒福(1556~1618)의『四禮訓蒙』도『봉선잡의』와 같이 유가 의례의 행례 절차와 본질에 대해『예기』에서 발췌한 글들을 모아 엮고 있으니『봉선잡의』만의 독특한 구성은 아니나, 예서로서 이런 구성이 최초임은 분명하다. 이항복이 직접 쓴『사례훈몽』 발문에 "평소 전례 때마다 젊은이들은 어른들이 하는 것을 맹목적으로 따라서 할 뿐, 왜 그렇게 행하는지 모르고 있는 것을 애석히 여겼다. 평소 여가가 날 때마다 유가 전례에 대한 근본정신을 담은 고전의 기록을『예기』에서 발췌하여 정리해 두었다. 그러다가 이언적의『봉선잡의』를 읽어보고는 내 견해가 틀리지 않았다는 확신을 얻게 되었고, 이를 계기로 四禮에 관한 要語들을 본격적으로 정리하여 이 책을 엮게 되었다."고 하였다.『한국예학총서』8권, 「四禮訓蒙」, 경성대학교 한국학연구소, 2008.

12 이 외에도『농암집』의 〈祭禮〉,『국조오례의』의 「대부사서인사중월시향의」에서 그 편린들을 살필 수 있다.『농암집』3권 잡저에 실린 〈제례〉는 2품이상 진설도, 3품에서 6품까지 진설도, 7품이하 진설도, 서인의 진설도가 간략하게 실려있고, 더불어 진설, 참신, 강신, 진찬, 초헌, 아헌, 종헌, 유식, 합문, 계문, 음복, 사신, 납주, 有事則告, 有新物則薦에 대해 간단한 설명을 붙이고 있다. 「대부사서인사중월시향의」에는『봉선잡의』에서 '중월 가운데 각기 하루를 택하되, 혹 정일이나 해일 중에서 택한다.' 한 것과 달리 2품 이상은 상순에, 6품 이상은 중순에, 7품 이하는 하순에 날을 택하여 거행한다고 적시한 점이 눈에 띈다.

소 가묘家廟에 제의祭儀를 베풀던 것들을 작성한 글이다. 여기서도 "제사에 대해서는 주문공朱文公의 예를 근본으로 삼고, 변두籩豆의 숫자와 축판祝版의 글은 이천伊川의 법식을 사용하였으며, 절일節日의 시식제時食祭는 한기韓琦의 법식을 모방하였다."[13]고 하여 역시 『가례』를 근간으로 삼고 있다고 했다. 그러나 증조고비, 조고비, 고비의 순으로 향을 피우고 강신하였다는 것으로 볼 때 3대 봉사를 하였으며, 묘제는 '시속을 따라 원정元正, 단오端午, 중추仲秋에 지내되, 4·5일 이전에 묘에 올라가 지냈고, 당일에는 사당에서 제사를 지냈다.' 하였으니, 『봉선잡의』에서 기술한 것과 마찬가지로 시속의 예를 따르고 있음을 볼 수 있다. 점필재는 1458년에 이 글을 쓰면서 다음과 같은 말을 남겼다.

> 지금 보건대, 선공의 사당 제사에 대한 모든 재계, 참신, 강신, 진찬, 삼헌, 유식, 수하, 사신, 준의 의식을 모두 주자의 옛 것을 따랐으되, 그 사이의 사소한 절목은 같지 않은 것도 있으나, 이것이 어찌 감히 스스로 주자와 달리한 것이겠는가. 대체로 관복, 기명器皿, 당침堂寢의 제작에 있어서는 고금古今과 이하夷夏 사이에 실로 굳이 똑같이 할 수 없는 것이 있으므로, 옛날의 번거로운 절문에 대해서는 재단하여 간략한 쪽을 따르고, 지금의 소략한 의절에 대해서는 짐작하여 후한 쪽을 따르며, 일이 만일 의리에 해될 것만 없으면 또한 세속과도 같이하여…[14]

위의 내용으로 볼 때 조선초기는 국가에서 『가례』 시행을 권고했기 때문에 주자의 예를 따르는 것을 원칙으로 삼는 것이 시대적 분위기였지만, 온전히 『가례』를 준수한 것은 아니었음을 알 수 있다. 그래서 '사소한 절목은 같지 않은 것도 있으나, 이것이 어찌 감히 주자와 달리한 것이겠는가 ……후한 쪽을 따르며, 일이 만일 의리에 해될 것만 없으면 세속과도 같이하여'라는 언급이 눈길을 끈다. 이어지는 점필재의 글을 보면,

13 祭祀以朱文公禮爲本 而籩豆之數 祝版之文用伊川 節日時食倣韓魏公.

14 今觀先公祠堂祭祀 凡齋戒 參神 降神 進饌 三獻 侑食 受嘏 辭神 餕之儀 皆因朱子之舊 而其間些小節目 有不同者 是豈敢自異於朱子耶 蓋冠服器皿 堂寢之制作 古今夷夏 實有不可強之必同者 故古之煩文 則裁以就簡 今之疏節 則酌以從優 事苟無害於義 則亦同於俗…

선공의 외조비外祖妣 송씨는 아들이 없었다. 소윤공少尹公의 계실繼室에게는 아들이 있었으나, 송씨를 출처出妻로 삼아 그 사당에 부제祔祭하지 않았다. 우리 외조고비 또한 제사를 받들 사람이 없었으므로, 매양 그 기일 및 사당의 사중四仲과 절일節日의 제사를 만나면 방친旁親의 례例에 의거하여, 사당의 제사를 철상한 다음에 별도로 정침에서 지전紙錢을 사용하고 위호位號를 표시하여 제수를 갖추어서 친히 제사지내되, 공경히 하지 않은 적이 없었다.[15]

부친 강호는 외할머니의 제사를 지냈다. 즉, 외손봉사를 한 것이다. 게다가 제사를 받들 사람이 없는 장인·장모의 제사까지 방친의 예에 근거하여 친히 공경으로 모셨다. 『가례』에는 같은 류類가 아니면 흠향하지 않는다 하였다. 외손봉사나 이성봉사는 올바른 예가 아니라는 것이다. 『봉선잡의』에는 사시제·녜제·기일제·묘제에 대해 상례常禮만 다룰 뿐 변례變禮는 언급하지 않았기 때문에 이성봉사에 대한 회재의 생각을 읽을 수는 없다. 이것만 놓고 보더라도 회재 이전의 예의 실행은 『가례』를 근본으로 삼았다고는 하나 오래도록 가문에서 행하던 예대로 또는 인정에 따른 시속의 예를 따르고 있고, 이런 상황은 『봉선잡의』에 그대로 수렴되고 있다 하겠다.

하권에서 『예기』의 내용을 주로 인용하고 있는 것은 15~16세기 전반까지 『예기』를 중요시했던 풍토의 영향이라고 할 수 있다.[16] 그리고 『예기』가 구체적인 의식에 대한 설명뿐만 아니라 예 자체의 의의를 설명한 부분이 많기 때문에[17] 예의 본질을 중요하게 여겼던 회재는 이것을 설명하기 위해 『예기』를 끌어오게 된 것이다. 여기에는 제사를 지내는 사람의 몸가짐과 마음가짐, 치재와 산재, 제물에 대한 생각, 때에 맞는 제례 등에 대해 언급하고 있다.

회재는 「제통」의 다음과 같은 말을 인용하여 제사 지내는 사람의 마음가짐에 대해 말한다.

15 先公外祖妣宋氏無子 少尹公繼室雖有子 以宋氏爲出妻 不祔其祠堂 我外祖考妣 亦無承祀者 故每遇其忌日及祠堂四仲節日之祭 則依旁親例 祠堂祭徹後 別於正寢 用紙錢標位號 具饌親祭之 未嘗不敬也.

16 권근이 저술한 『예기천견록』이 오랫동안 성균관에서 강론되기도 하였고, 황희의 추천으로 經筵에서 이 책을 강의하기도 하였다. 그래서 태종이 교서관에 명령하여 鑄字로 간행하게 했다.

17 고영진, 위의 책, 78~79면 참조.

무릇 사람을 다스리는 길은 예보다 급한 것이 없다. 예에는 오경이 있으나 제사보다 중한 것은 없다. 대저 제사하는 것은 물건이 밖으로부터 이르는 것이 아니라 안으로부터 나오는 것, 즉 마음에서 생겨나는 것이다. 마음에서 두려워하여 예로써 이것을 받드는 것이다. 이 때문에 오직 현자만이 제사의 뜻을 다할 수 있다.[18]

제사는 밖에서 얻은 물건으로 지내는 것이 아니라, 안에서 부모를 그리워하는 진정한 마음에서 출발된 것을 가지고 예로써 지내는 것이라는 말이다. 방씨方氏도 여기에 주를 달았는데, "마음을 다하는 것은 제사의 근본이고 제물을 다하는 것은 제사의 말단"[19]이라고 했다. 제사의 본질은 제물을 풍성하게 차리는 데 있는 것이 아니라 나의 정성과 공경을 다하여 지내는 것일 따름이라는 말이다. 또, 회재는 『논어』와 주자의 아래와 같은 말을 인용하여 제사지낼 때 정성을 다해야 하는 이유에 대해 설명하고 있다.

공자가 말하였다. "내가 제사에 참여하지 않으면 제사지내지 않은 것과 같다."[20]

주자가 말하였다. "제사를 지내야 할 때를 당하여 혹 다른 이유가 있어서 참석하지 못하고 다른 사람을 시켜 대신하게 한다면, 이는 곧 계신 듯이 한다는 정성을 다하지 못한 것이다. 그러므로 비록 제사는 지냈어도 마음 한 구석이 텅 빈 것 같아 제사를 지내지 않은 것과 같다. … 예컨대 제사지낼 적에 성의가 있으면 저승과 이승이 곧 서로 접하고, 성의가 없으면 곧 모두 접할 수 없게 된다. 신명은 볼 수 없는 것이다. 오직 마음이 정성과 공경을 다하여 제사지내며 신에게 오로지 하나로 집중하면 곧 양양洋洋하게 위에 계신 듯하고, 좌우에 계신 듯한 것을 알 수 있다. 그런즉 신이 있음과 없음은 내 마음이 정성을 다하느냐 아니냐에 달려 있는 것이지…"[21]

18 凡治人之道 莫急於禮 禮有五經 莫重於祭 夫祭者 非物自外至者也 自中出 生於心也 心怵而奉之以禮 是故唯賢者 能盡祭之義.

19 盡其心者 祭之本 盡其物者 祭之末.

20 子曰 吾不與祭 如不祭.

21 當祭之時 或有故不得與 而使他人攝之 則不得致其如在之誠 故雖已祭 而此心缺然 如未嘗祭也… 如祭有誠意則幽明便交 無誠意便都不相接 神明不可見 惟心盡其誠敬 專一在於所祭之神 便見得洋洋 如在其上 如在其左右 然則神之有無 在此心之誠不誠….

즉, 정성과 공경이 없는 제사는 신과 접할 수가 없으므로 제사를 지냈어도 지내지 않은 것과 마찬가지라는 것이다. 이에 대해 범씨范氏는 “정성이 있으면 신이 있고 정성이 없으면 신도 없기 때문에 삼가지 않을 수 없다.”[22]고 하였고, 또 “군자가 제사지냄에 7일 동안 삼가고 3일 동안 깨끗이 하면 반드시 제사지내는 대상을 보게 되는 것은 정성이 지극하기 때문이다. 이 때문에 교사郊祀를 지내면 천신이 감동하고 사당에서 제사를 지내면 사람의 귀신이 흠향하는 것이니, 이는 모두 자신으로 말미암아 이루어지는 것이다.”[23]라고 주를 달았다.

회재는 「제의」의 다음 내용을 인용하여 제사를 앞두고 안팎으로 재계하여 생각을 지극히 한 곳으로 모아야 함에 대해 말하고 있다. 그래야만 제사지내는 날 “그 자리에 흡사한 모습이 보이는 듯하고, 희생을 올리고 문을 나오면 숙연히 그 움직이는 소리가 들리며, 천薦을 끝내고 문 밖에 나가 들어보면 ‘휴우’ 탄식하는 소리가 들린다.”[24] 하였다.

> 효자가 장차 제사를 지내려고 하면 반드시 재계하는 마음으로 일을 생각해야 한다. 의복을 갖추고 궁실을 수리하여 온갖 일을 정리한다. 제삿날에는 얼굴빛을 반드시 온화하게 하고 어디를 가든 반드시 두려워하여 부모 사랑하는 마음이 부족하지 않은가 걱정하는 것처럼 한다. 음식을 올릴 때는 용모를 반드시 온화하게 하고 몸은 반드시 굽히며, 말을 하는데 듣지 못하는 것처럼 한다. 손님들이 모두 나가서 서 있을 때는 유순하고 바르게 하여 부모를 장차 보고자 하는 것처럼 한다.[25]

「제통」에서 “장차 재계할 때는 사물邪物을 막고 기욕嗜欲을 끊으며, 귀로는 음악을 듣지 않는다.”[26]고 하였다. 생각을 산만하게 가지지 못하게 하려는 것이다. 그 결과 “마음을 구차하게 쓰지 않으니 반드시 도에 의지하게 되고, 수족을 구차하게 움직이지 않으니 반드시 예에 의지

22 有其誠則有其神 無其誠則無其神 可不謹乎.

23 君子之祭 七日戒 三日齊 必見所祭者 誠之至也 是故 郊則天神格 廟則人鬼享 皆由己以致之也

24 馬氏日 僾然見乎其位 薦腥而出戶 則肅然必有聞乎其容聲 已薦出戶而聽 則愾然必有聞乎其嘆息之聲.

25 孝子將祭祀 必有齊莊之心以慮事 以具服物 以修宮室 以治百事 及祭之日 顏色必溫 行必恐 如懼不及愛然 其奠之也 容貌必溫 身必詘 如語焉而未之然 宿者皆出 其立卑靜以正 如將不見然.

26 及其將齊也 防其邪物 訖其嗜欲 耳不聽樂.

하게 된다."[27]고 하였다. 이처럼 제사를 지내기 전에는 7일 전부터 재계하며 정성과 공경, 슬픔을 다해야 한다는 것이다. 이것은 제례를 제정한 성인의 뜻이며, 회재가 생각하는 제례의 의미 및 본질이다. 그렇기 때문에 회재는 『예기』와 『논어』에서 이러한 글들을 거듭 인용하여 제례의 근본과 형식을 다시 한 번 되새기도록 하였다.

이 책은 간행된 뒤에 학자들 사이에 두루 읽혀지면서 영향을 주었던 것으로 보여지는데, 사계 김장생(1548~1631)의 『가례집람家禮輯覽』과 동암東巖 유장원柳長源(1724~1796)의 『상변통고常變通攷』에서 『봉선잡의』를 언급하고 있는 것으로 알 수 있다. 『가례집람』에서는 「제례」 〈사시제〉 조목에서 이 글의 각주 48번 회재의 안설을 그대로 인용하여 산재와 치재에 대한 회재의 의견을 적극 수용하고 있고, 『상변통고』에서는 「제례」 〈기일제〉 조목에서 이 글의 각주 50번 회재의 안설을 인용하여, 기일제를 지낼 때 인정에 근거하여 고비 두 분을 합설하여 지내야 한다는 의견과 단설로 지내야 한다는 의견을 고루 인용하여 두 가지 견해가 여전히 팽팽하게 대립하고 있음을 제시하고 있다.[28]

『봉선잡의』에 반영된 시의성時宜性

【사당祠堂】

사당장에서는 아래 표에서 보듯이 일곱 가지 조목에서 차이점을 발견할 수 있었다. 기본적으로 『봉선잡의』와 『가례』는 3대 봉사를 하는 것과 4대 봉사를 하는 것으로 봉사 대수가 다르게 규정되어 있다.

27 心不苟慮 必依於道 手足不苟動 必依於禮.

28 이 외에도『禮書類編』,『家禮便考』,『四禮考證』,『常變輯略』,『四禮常變纂要』,『士儀』,『家禮補疑』,『四禮要選』 등 영남지역에서 편찬 간행된 다수의 예서에서『봉선잡의』를 인용서목으로 수록하였다. 남재주, 「조선후기 예학의 지역적 전개 양상 연구」, 경성대 박사학위논문, 2012, 271면.

조목	『봉선잡의』	『주자가례』
① 立祠堂	立祠堂於正寢之東 以奉先世神主	君子將營宮室 先立祠堂於正寢之東 **爲四龕** 以奉先世神主
② 親之無後者以其班祔	伯叔父母祔于曾祖 妻若兄弟若兄弟之妻 祔于祖 子姪祔于父 皆西向 主櫝並如正位 姪之父自立祠堂 則遷而從之	**伯叔祖父母 祔於高祖** 伯叔父母祔於曾祖 妻若兄弟若兄弟之妻 祔於祖 子姪祔於父 皆西向 主櫝並如正位 姪之父自立祠堂則遷而從之
③ 置祭田	初立祠堂 則計見田 **取其二十之三** 以爲祭田 宗子主之 以給祭用	初立祠堂 則計見田 **每龕取其二十之一** 以爲祭田 **親盡則以爲墓田 後凡正位祔者 皆放此** 宗子主之 以給祭用 **上世初未置田 則合墓下子孫之田 計數而割之 皆立約聞官 不得典賣**
④ 具祭器	牀席倚卓 酒食之器…	牀席倚卓 盥盆火爐 酒食之器…
⑤ 主人	主人 晨謁於大門之內 **有新物則薦之**	主人 晨謁於大門之內
⑥ 俗節則獻以時食	節如寒食端午中秋重陽之類 凡鄕俗所尙者 時食 凡其節之所尙者…	節如**淸明寒食重午中元**重陽之類 凡鄕俗所尙者 **食如角黍** 凡其節之所尙者…
⑦ 有事則告	如正至朔日之儀 但獻茶酒再拜 訖主婦先降復位 主人**跪**於香卓之南 祝執版 **跪**於主人之左 讀之畢興 主人再拜 降復位 餘並同	如正至朔日之儀 但獻茶酒再拜 訖主婦先降復位 主人立於香卓之南 祝執版 立於主人之左 **跪**讀之畢興 主人再拜 降復位 餘並同

그래서 ①에서와 같이 가장 먼저 감실의 개수에 대해 언급한다. 『가례』에서는 "군자가 장차 궁실을 지을 때는 먼저 사당을 정침의 동쪽에 세운다. 네 개의 감실을 만들어 선조의 신주를 모신다." 하였다. 그러나 회재는 『경국대전』에 따라 3대 봉사를 하는 것이 좋다는 입장이었다. 때문에 『봉선잡의』에서 몇 개의 감실을 만들라는 부분을 생략했지만 ③'치제전置祭田' 조목에서 "현재 남아있는 밭을 계산하여 20분의 3을 취하여 제전으로 한다." 한 것으로 볼 때 감실을 세 개 만들라는 것임을 알 수 있다. 『경국대전』에서 6품 이상의 벼슬아치일 경우 3대를 봉사하도록[29] 명시하였기 때문에 회재도 이에 따라 감실을 세 개 만들도록 한 것이다. 이로 인하여 ②에서와 같이 『봉선잡의』에는 '백숙부모는 증조부모에게 부祔'하도록 하였고, 『가례』에는 '백숙조부모는 고조부모에게 부祔'하도록 하였다.

『가례』에 ④'구제기具祭器' 조목에서는 다른 제기들과 더불어 대야와 화로를 갖추도록 하였

29 『經國大典』권3, 「禮典」, 〈奉祀條〉. 文武官六品以上祭三代 七品以下祭二代 庶人則只祭考妣.

는데, 『봉선잡의』에는 이것이 생략되어 있다. 그러나 『봉선잡의』 〈사시제장〉에서 "주인 이하는 각각 성복盛服을 하고 손을 씻어 수건으로 닦고 사당 앞에 나아간다."[30] 하였고, 초헌할 때 "집사자가 화로에 간을 구워 접시에 담는다."[31] 하였으니, 회재가 기술하는 과정에서 빠뜨린 것이지 대야와 화로를 사용하지 않은 것은 아니다. 이처럼 회재는 서문에서 『가례』를 근본으로 한다고 하였기 때문에 『봉선잡의』를 저술할 적에 제례에 대한 큰 틀만 제시하고 소소한 행례절차나 찬품의 수, 명칭 따위를 언급하지 않았다. 그 이유를 세 가지 정도로 추정해보았다. 첫째 제사지내는 목적인 슬픔과 공경이라는 본질에 더 힘쓰도록 함이고, 둘째 『가례』를 근본으로 하였기 때문에 『봉선잡의』에 언급하지 않은 나머지는 실행 주체의 지위와 능력에 따라 유동성을 발휘하여 『가례』를 따르도록 함이다. 셋째 후대의 예서들이 미완인 『가례』를 보완하는 과정에서 소소한 것들까지 모두 문자화함으로써 번문욕례繁文縟禮라고 지적받은 것에서 알 수 있듯이 대체大體만 서술하여 시의 적절하게 실천이 용이하도록 그 실천 가능성을 높였다.

⑤번 조목은 『가례』에는 "주인은 새벽에 대문 안에서 배알한다."로 끝을 내고 있는데, 『봉선잡의』에는 여기에 덧붙여 "새로운 물건이 있으면 올린다." 하였다. 이것은 사마광의 『서의』 중 「영당잡의影堂雜儀」에 있는 것으로 보완한 것이다.[32] 살아계실 때도 그렇듯이 어른이 계신 집에서는 새로운 물건이 생기면 제일 먼저 어른에게 뵈인다. 돌아가셨다 하더라도 마찬가지로 사당에 올리는 것이므로 공경을 우선으로 해야하는 제례의 본질에 가까이 간 것이라 하겠다.

⑥번 조목은 시속명절에 관한 것인데, 우리나라는 한식 · 단오 · 중추 · 중양절이 시속명절임에 비해 중국은 청명 · 한식 · 단오 · 백중 · 중양절을 시속명절로 삼고 있음을 알 수 있다. ⑦번 '유사즉고有事則告' 조목에서 『봉선잡의』에는 사당에 고할 때 주인이나 독축이나 꿇어앉는 자세를 취하는데, 『가례』에는 주인은 선 자세로 있고, 독축만 꿇어앉아 읽고, 끝나면 일어선다고 하였다. 이에 대해 경호鏡湖 이의조李宜朝(1727~1805)가 쓴 『가례증해家禮增解』에는 아래와 같은 안설按說이 붙어있다.

30 主人以下 各盛服 盥手帨手 詣祠堂前.

31 執事者炙肝于爐 以楪盛之.

32 『한국예학총서』1권, 경성대학교 한국학연구소, 2008, 「봉선잡의」 해제 참조.

어떤 이가 말했다. "고례에는 서는 것을 경건하다고 여겼으나, 우리나라 풍속에는 엎드리는 것이 경건하다고 생각한다. 이제 독축할 때에 꿇어앉아 엎드리는 것이 마땅하다"고 했는데, 이 설이 아마 옳을 듯하다.[33]

우리나라는 오랜 세월 좌식 생활을 위주로 해왔다. 때문에 중국과 달리 꿇어앉거나 엎드리는 것을 경건하게 생각한다. 회재는 우리의 습속을 반영하여 모두 꿇어앉는 자세를 취하도록 기술한 것이다.

【사시제四時祭】

『가례』에 사시제는 가제家祭 가운데 가장 장엄하고 성대한 제사로서, 사계절의 중월仲月에 날짜를 점쳐 지내는 것으로 되어 있다. 아래 표에서 보다시피 『봉선잡의』와 『가례』에서는 여러 가지 차이점이 보인다.

조목	『봉선잡의』	『주자가례』
① 四時祭	**繼曾祖之宗** 則祭**曾祖**以下考妣 **繼祖之宗** 則祭祖以下考妣 **繼禰之宗** 則祭考妣二位而已	繼**高祖宗子** 則祭**高祖**以下考妣 繼**曾祖宗子** 則祭**曾祖**以下考妣 **繼祖宗子** 則祭考妣二位而已
② 前一日設位陳器	…其尊者居西 設香案於堂中 …茶合茶筅茶盞於其上…	…其尊者居西 **妻以下則於階下** 設香案於堂中… 茶合茶筅**茶盞托鹽楪醋瓶**於其上…
③ 省牲 滌器 具饌	…主婦 帥衆婦女 滌濯祭器 潔釜鼎具祭饌 每位果六品 蔬菜及脯醢各三品 肉魚**米麪食** 各一器 羹飯各一椀…	…主婦 帥衆婦女**背子** 滌濯祭器 潔釜鼎具祭饌 每位果六品 蔬菜及脯醢各三品 肉漁**饅頭糕各一盤米** 羹飯各一椀…
④ 厥明夙興	…主婦炊煖祭饌 皆令極熱 以合盛出 置東階下大牀上	…主婦**背子** 炊煖祭饌 皆令極熱 以合盛出 置東階下大牀上
⑤ 質明 奉主就位	…衆丈夫敘立 如朔日之儀 立定…主人出笏前導 至正寢置于西階卓子上…	…衆丈夫敘立 如朔日之儀 **主婦西階下北向立 主人有母 則特位於主婦之前 諸伯叔母諸姑繼之 嫂及弟婦姉妹 在主婦之左 其長於主母主婦者 皆少進 子孫婦女內執事者 在主婦之後重行 皆北向東上** 立定…主人出笏前導 **主婦從後 卑幼在後** 至正寢置于西階卓子上…

33 한국고전의례연구회, 『국역 가례증해1』, 「통례」, 민속원, 2011, 279면.

⑥ 降神	…**少退跪** 執事者 開酒 取巾拭甁口 斟酒于盞跪 進于主人之右 主人受之 左執盤 右執盞 灌于茅上…	…**出笏少退立** 執事者**一人** 開酒 取巾拭甁口 實酒於注 **一人取東階卓上盤盞 立於主人之左 一人執注 立於主人之右 主人搢笏跪 奉盤盞者亦跪 進盤盞 主人受之 執注者亦跪 斟酒於盞 主人左手執盤 右手執盞** 灌於茅上…
⑦ 初獻	亦如之 位前北向**跪** 執事者二人 奉**曾祖**考妣盤盞 **跪**于主人之左右 主人受高祖考盤盞 祭之茅上 以盤盞授執事者 反之故處 受**曾祖**妣盤盞 亦如之 出笏 俛伏興 少退**跪** …**跪**於主人之左 讀曰 …尙饗 主人俛伏興 退詣諸位 獻祝如初 祔位 令子弟不爲亞終獻者 酌獻畢 主人立於香卓之南 再拜 降復位 執事者 以他器徹酒 置盞故處	亦如之 **出笏** 位前北向立 執事者二人 奉**高祖**考妣盤盞 **立**於主人之左右 **主人搢笏跪 執事者亦跪** 主人受高祖考盤盞 **右手取盞**祭之茅上 以盤盞授執事者 反之故處 **受高祖**妣盤盞 亦如之 出笏 俛伏興 少退**立** …**立**於主人之左 **跪**讀曰… 尙饗 畢興 主人再拜 退詣諸位 獻祝如初 **每逐位讀祝畢 卽兄弟衆男之不爲亞終獻者 以次分詣本位所祔之位** 酌獻**如儀 但不讀祝 獻畢 皆**降復位 執事者 以他器徹酒**及肝** 置盞故處
⑧ 受胙	…**來汝孝孫** 使汝受祿于天 宜稼于田 眉壽永年 勿替引之 主人置酒于席前 出笏 俛伏興 再拜 搢笏跪受飯嘗之 取酒卒飮 執事者受盞 置注旁 受飯 亦如之…	… 使汝受祿於天 宜稼于田 眉壽永年 勿替引之 主人置酒于席前 出笏 俛伏興 再拜 搢笏跪受飯嘗之 **實於左袂 掛袂於季指** 取酒卒飮 執事者受盞**自右** 置注旁 受飯**自左** 亦如之…
⑨ 餕	…男女異處 **獻內外尊長壽如儀** 酒饌不足則以他酒他饌益之 將罷 主人頒胙于外僕 主婦頒胙于內執事者 徧及微賤 其日皆盡 受者皆再拜 乃徹席.	…男女異處 **尊行自爲一列南面 自堂中東西分首 若止一人 則堂中而坐 其餘以次相對 分東西向 尊者一人先就坐 衆男敍立世爲一行 以東爲上 皆再拜 子弟之長者一人 少進立 執事者一人執注 立於其右 一人執盤盞 立於其左 獻者搢笏跪 〔弟獻則尊者起立 子姪則坐〕 受注斟酒 反注受盞 祝曰 祀事旣成 祖考嘉饗 伏願某親 備膺五福 保族宜家 授執盞者 置於尊者之前 長者出笏 尊者擧酒畢 長者俛伏興 退復位 與衆男皆再拜 尊者命取注及長者之盞 置於前 自斟之 祝曰 祀事旣成 五福之慶 與汝曹共之 命執事者 以次就位 斟酒皆徧 長者進跪受飮畢 俛伏興退立 衆男進揖 退立飮 長者與衆男皆再拜 諸婦女獻女尊長於內 如衆男之儀 但不跪 旣畢 乃就坐 薦肉食 諸婦女詣堂前 獻男尊長壽 男尊長酢之如儀 衆男詣中堂 獻女尊長壽 女尊長酢之如儀 乃就坐薦麵食 內外執事者 各獻內外尊長壽 如儀而不酢 遂就斟在坐者徧 俟皆擧 乃再拜退 遂薦米食 然後泛行酒 間以祭饌** 酒饌不足…

②,③,④,⑤번 조목에는 여성의 복장과 위치에 대한 부분에서 차이점을 보인다. 『가례』에는 여성은 배자를 입고(③,④) 계단 아래에 서 있어야(②,⑤) 한다. 그러나 『봉선잡의』에서는 이를 모두 생략하고 있다. 그리고 ③번 조목에서 『봉선잡의』에는 육어肉魚와 미식米食, 면식麪食 각 한

그릇씩 갖춘다고 하였는데, 『가례』에는 육어肉漁[34]와 만두饅頭, 떡糕 각 한 쟁반이라고 하였다. 『봉선잡의』에서 이와 같이 구체적인 음식의 명칭을 확정하지 않고 어육이나 미식, 면식으로 표기한 것은 제사를 준비하는 사람의 신분과 경제력, 혹은 지방에 맞게 가감할 수 있도록 융통성을 발휘한 것이다.

⑤번 조목은 여성들이 서는 자리와 더불어 신주를 정침으로 내갈 때 뒤따르는 순서에 관해 『가례』에는 상세하게 제시되었는데, 『봉선잡의』에서는 이를 생략했다. 『봉선잡의』에서 생략한 『가례』 부분은 아래와 같다.

> 주부는 서쪽 계단 아래에 북향하여 선다. 주인에게 어머니가 있으면 특별히 주부의 앞에 자리하고, 여러 백숙모와 고모들이 이어서 선다. 형수와 제수, 자매는 주부의 왼쪽에 자리한다. 그 주모와 주부보다 어른인 사람은 모두 조금 나아가 선다. 자손, 부녀 내집사는 주부의 뒤에 여러 줄로 자리하는데 모두 북향하되 동쪽이 위이다. … 주인은 홀을 빼어 들고 앞에서 인도하고 주부는 뒤를 따르며, 항렬이 낮거나 어린 사람은 뒤에 있는다.

이것을 생략한 것 또한 『가례』를 근본으로 삼았기 때문이기도 하고, 형식적인 것에 치우치기보다 제례의 본질에 더 힘쓰라는 의도가 반영된 것이기도 하며, 번거로운 문장이 오히려 더 실천을 어렵게 하기 때문에 대체大體만 서술하여 여러 상황에 맞게 적절하게 조정하여 실천할 수 있도록 한 것이다.

⑦번 조목은 '꿇어앉는' 동작과 '서는' 동작이 차이점을 보이고, 마찬가지로 『봉선잡의』에서는 집사자와 참여자들의 동작에 대해 생략하고 있다. ⑧번 조목은 제사를 지내고 남은 음식을 나누어 먹는 절차인데, 『봉선잡의』와 『가례』가 크게 다를 것이 없으나 『가례』의 "(밥을)왼쪽 소매 안에 넣고 소매 끝자락을 새끼손가락에 건다實於左袂 掛袂於季指"는 동작이 『봉선잡의』에는 생략되어 있다. ⑨번 준餕 조목은 남은 제사 음식을 두루두루 대접하는 절차로 『가례』의

34 김장생은 육어를 "어탕과 육탕을 말한다."고 했다. 『국역 가례증해』 6권, 「제례」, 143면.

상세한 동작들을 『봉선잡의』에서는 "내외 존장에게 의식대로 드린다獻內外尊長壽如儀"고 하여 한 마디로 줄여 버렸다. 이런 것들을 생략한 이유 역시 위에서 추정한 대로 세 가지 의도가 내재되어 있으리라 생각한다.

⑧수조受胙와 ⑨준餕은 우리나라의 제례에서는 음복에 비유할 수 있는데, 집사執事나 축관祝官 등 제사에 참여하는 사람이 많을 때 가능한 것이었기 때문에 한미한 집안에서는 이를 행하기가 힘들었다.[35] 때문에 『봉선잡의』에서는 이를 대폭 줄여 기술하였다.[36]

『봉선잡의』에서는 사시제에 대해서 다른 제례 절차보다 상세히 다루고 있다. 가제家祭 가운데 가장 장엄하고 성대한 제사이기 때문이기도 하고, 뒤에 소개되는 녜제·기일제·묘제에서 유사한 제례 절차는 줄여 기술하는 방식을 택했기 때문이다. 그러나 사실상 우리나라에서는 예가禮家에서조차 사시제를 지내는 집이 드물었다.[37] 우리는 시속 명절마다 묘소에 올라가 제를 지내는 풍속이 있었기 때문에 사당에서 사시제를 지내고 묘제를 따로 지내기는 번거롭고 비경제적인 일이므로 우리 풍속과 『가례』를 절충하여 때마다 묘제를 지내는 형태로 바뀌게 된다.

【녜제禰祭】

녜제는 아버지 제사로서 늦가을에 지내는 것이다. 회재는 정자의 말을 인용하여 "계추는 만물이 이루어지기 시작하는 때이므로 그것과 유사함을 형상하여 제사지내는 것"[38]이라고 했다.

조목	『봉선잡의』	『주자가례』
① 質明盛服	如時祭于正寢之儀 但告詞云 孝子某 今以季秋成物之始 有事于**考**某官府君 **妣**某封某氏 餘並同	如時祭于正寢之儀 但告辭云 孝子某 今以季秋 成物之始 有事於**皇考**某官府君 **皇妣**某封某氏 餘並同
② 參神·降神·進饌·初獻	如時祭之儀 但祝辭云 孝子某官某 敢昭告于**考**某官府君 **妣**某封某氏 今以季秋成物之始 感時追慕 昊天罔極	**竝**如時祭之儀 但祝辭云 孝子某官某 敢昭告於**皇考**某官府君 **皇妣**某封某氏 今以季秋成物之始 感時追慕 昊天罔極

35 고영진, 위의 책, 72면.

36 雙淸堂 宋愉가『주자가례』를 참작하여 만든 「행사의절」을 5대손 송기수가 보완·참조하여 완성하였는데, 이 책에 의하면 수조와 준 항목이 없다. 고영진은 조선의 풍속상 현실적으로 지내기가 힘들었기 때문이라고 했다. 고영진, 위의 책, 71면.

37 김순미, 위의 논문, 618면 참조.

38 程子曰 季秋 成物之始 亦象其類而祭之.

표에서 보듯이 〈녜제장〉에서 드러나는 차이점은 호칭에 관한 것이다. 『봉선잡의』에서는 고사나 축사에 아버지와 어머니를 가리켜 '고考' '비妣'라 칭하고 있는데, 『가례』에서는 '황고皇考'와 '황비皇妣'라 칭하고 있다. 이에 대해, "고려시대 원의 지배를 받던 13세기 말엽에 중국 원나라 제2대 성종成宗 테무르가 대덕大德(1297~1307) 연간에 칙령으로 황실 외에는 황고皇考를 금지하고 현고顯考를 강요한 이후부터 일반인이 망부亡父에게 '현고'를 쓰는 것이 비판 없이 정착된 듯하다."[39]는 설이 있으나 그 근거를 찾기는 힘들고, 『고봉집高峯集』에는 다음과 같은 설이 있다.

> 정이천의 황백부皇伯父라는 설은 그 뜻이 황제의 백부를 이름이고, 황고皇考라고 하는 것과 같은 뜻이 아닙니다. 원서元書를 상고하건대 이미 황친皇親이라 칭하고 또 황백부라 칭하였으니, 증거가 이미 명백합니다. 『송감宋鑑』에 이른바 황종형皇從兄 모某의 아들 및 황백 운운한 것도 모두 황제의 '황皇'을 가리킨 것으로 황자皇子·황손皇孫·황형皇兄·황질皇姪의 유와 같은 것인데, 지금 오인하여 황고皇考의 '황'으로 여기시니, 어찌 크게 문의文義에 어그러지지 않았다 하겠습니까. 황고의 '황'을 고인古人들은 통용하였으나 후세에 와서 회피하여 '현顯' 자를 사용하였으니, 황고의 '황'자는 황제의 '황'자와 같지 않은 듯합니다.[40]

이 글은 고봉 기대승이 퇴계 이황과 주고받은 편지인 「양선생왕복서兩先生往復書」권2 '칭위稱謂'에 실려 있다. 즉, 정리하자면 고사나 축사에 쓰는 '황고皇考', '황비皇妣'는 황제皇帝의 '황皇'과 달리 옛사람들이 부모를 높여 부르는 말일 뿐이라는 것이다. 그러나 이것이 황제의 '황'자와 음이 같아 오해의 소지가 있기 때문에 후세 사람들은 '황皇'자를 피하여 '현고顯考'와 '현비顯妣'로 쓰게 되었다는 이야기다.

『봉선잡의』에는 이러한 유풍을 반영했음인지 부모를 '고考', '비妣'라 칭하고 있고, 오늘날

39 blog.naver.com/jakipyun, 황고학생부군신위, 2009. 03.03.

40 『高峯集』, 「兩先生往復書」권2, 53판, '稱謂' 程伊川皇伯父之說 其意謂皇帝之伯父也 非如皇考之云也 按其元書 旣稱皇親 又稱皇伯父 則其證已明 而宋鑑所謂皇從兄某之子及皇伯云云者 皆指皇帝之皇 如皇子皇孫皇兄皇姪之類 今乃誤指以爲皇考之皇 豈不大乖於文義乎 皇考之皇 古人通用 後來回避 用顯字 恐與皇帝之皇 有不同也.

지방紙榜을 쓸 때 '현고顯考'와 '현비顯妣'를 사용하는 것이 여기에서 비롯된 것으로 보인다.

【기일忌日】

기제사에서 가장 문제가 되는 것은 고비를 합설로 하느냐 해당 신위만 모시느냐 하는 것이다. 이에 대해서는 이론異論이 많다. 때문에 ②번 '구찬具饌' 조목에서 『봉선잡의』에는 "음식을 갖춘다."라고만 하여 단설이든 합설이든 집안의 논의대로 하도록 여지를 남겨두었다. 이에 대해서는 다음 장에서 회재의 안설을 통해 자세히 살피기로 하고 ③번 조목 복색에 관한 것만 살피겠다.

조목	『봉선잡의』	『주자가례』
① 忌日	『程氏祀先凡例』 **祖考忌日 則只祭祖考及祖妣 祖妣忌日 則只祭祖妣及祖考** 仍請神主出中堂享祭 餘位忌日祭同	**如祭禰之儀 但止設一位**
② 具饌	具饌	具饌 **如祭禰之儀 一分**
③ 質明主人以下變服	**白團領素帶** 有官則**烏紗帽角帶** 禰則**布裹角帶** 旁親則**白深衣黑帶** 主婦白大衣淡黃帔 餘人皆**白衣** 去華盛之服	禰則主人兄弟**黲紗幞頭 黲布衫** 布裹 角帶 祖以上則黲紗衫 旁親則皂紗衫 主婦**特髻去飾** 白大衣 淡黃帔 餘人皆去華盛之服

옷이란 나라에 따라 혹은 같은 나라라 하더라도 시대에 따라 달라질 수 있는 것이다. 우리나라의 경우 백색을 선호해서인지 『봉선잡의』에서는

> 백단령에 소대를 하는데, 관직이 있으면 오사모에 각대를 한다. 녜의 경우에는 베로 싼 각대를 착용하고 방친은 백색의 심의에 흑대를 착용하고, 주부는 백색의 대의에 담황색의 피帔를 착용한다. 나머지 사람들은 모두 백의를 착용하되, 화려한 장식은 제거한다.

하였고, 『가례』에는

아버지의 제사이면 주인과 형제는 참사복두, 참포삼, 포과, 각대를 한다. 할아버지 이상이면 참사삼을 입고 방친이면 조사삼을 입는다. 주부는 특계를 하여 장식을 제거하고 백색의 대의와 담황피를 입는다. 나머지 사람 모두 화려한 옷을 벗는다.

라 하였다. 참사복두는 검푸른 깁으로 만든 복두이고, 조사삼도 검은 깁으로 만든 옷이다. 즉, 중국의 경우 남자들은 제례의 복장으로 검은색을 사용하여 우리와 차이를 보이나, 여자 복색의 경우는 화려한 장식을 제거하여 검소하게 한다는 점에서 우리나라와 중국이 동일하였음을 알 수 있다.

【묘제墓祭】

시속 명절에 묘제를 지내는 것은 우리나라의 오래된 풍습이다. 그래서 〈묘제장〉을 시작하는 첫머리에 회재는 안설로 "시속을 따라 행하는 것도 좋다."고 했다.

조목	『봉선잡의』	『주자가례』
① 墓祭	按 家禮墓祭三月上旬擇日行之 **今世俗 正朝 寒食 端午 秋夕 皆詣墓拜掃**	三月上旬擇日
② 厥明灑掃	**主人時服** 帥執事者 詣墓所 再拜	**主人深衣** 帥執事者 詣墓所 再拜
③ 辭神乃徹	辭神乃徹 遂祭后土 布席陳饌	辭神乃徹 遂祭后土 布席陳饌 **四盤於席南端 設盤盞匙筯於其北**
④ 辭神乃徹而退	今後 可與墓前一樣 菜果鮓**脯飯**茶湯 各一器 以盡吾寧親事神之意 勿令其有隆殺	今後 可與墓前一樣 菜果鮓**脯共十器 肉魚饅頭各一大盤 凡所具之物悉陳之 羹飯**茶湯各一器 以盡吾寧親事神之意 勿令其有隆殺

①번 조목에서 보다시피 『봉선잡의』에서는 1월 1일 · 한식 · 단오 · 추석에 묘제를 지내는 것이 시속의 풍습이라고 했다. 우리나라에서는 시신을 매장하고 난 뒤 반혼을 하고도 시신을 중히 여겨 여묘살이를 하는 풍습이 있었기 때문에 묘소 돌보는 일을 아주 중요하게 여겼다. 그래서 시속 명절이 되면 묘소에 올라가 절하고 청소하며 묘제를 지냈던 것이다. 이에 반해 『가

례』에는 묘제는 "3월 상순에 날을 택하여 행한다."고 명시되어 있다. 회재는 비록 『가례』에는 3월 상순에 지내는 것으로 되어 있으나, 이제는 시속을 따라 행하는 것도 좋다고 하여 우리나라 습속을 존중하면서 그 본질을 지켜나가는 쪽으로 예를 정리하고 있다.

하지만 회재 이후 얼마 지나지 않아 『가례』에 대한 이해가 깊어지고 성리학 이론이 제대로 발현된 것이 『가례』임을 알게 되면서 한강寒岡 정구鄭逑(1543~1620)는 "우리나라는 가묘家廟를 미처 세우지 않았던 시대에는 묘소에서 네 계절의 제사를 통행하였다. 이제는 이미 사당을 세우니 사당과 묘소에는 절로 정해진 규범이 있다." 하여 시속 명절마다 묘소에 올라가는 것을 옳게 여기지 않고 있으며, 우복愚伏 정경세鄭經世(1563~1633)도 절기마다 묘소에 올라가는 것을 폐하는 고사告辭에서 "절기마다 묘소에 올라가는 것은 고례에 근거가 없어 『주자가례』와 「동래종법東萊宗法」을 상고하여 한식과 10월 상정上丁에 무덤을 둘러보고 청소하고, 그 나머지 명절에는 모두 사당에서 시절 음식으로 올리겠나이다."[41] 하였다.

한강과 우복은 회재보다 후대의 학자들이기 때문에 『가례』를 대하는 입장이 달라서 같은 시대 선상에 놓고 학설을 비교할 수는 없지만, 기본적으로 회재는 의식을 행하는 백성들이 미편함을 느끼지 않도록 시속을 따라야 된다는 생각이다. 즉, 성리학 이론이 그대로 발현된 것이 『가례』의 의식 절차라 하더라도 회재는 우리나라의 풍습과 국가제도를 고려하여 합리적이고 현실적인 예의 시행을 추구했던 것이다.

②번 조목은 묘제를 지낼 때의 복장에 관한 것이다. 『봉선잡의』에는 "주인은 시복時服을 입는다."고 하였는데, 『가례』에는 심의를 입는다고 하였다. 『봉선잡의』에 심의제도 조목이 빠진 것으로 볼 때 이때까지 심의에 관해 깊은 이해가 없었던 것으로 보인다. 그래서 회재는 복장을 지정하지 않고 당 시대에 통용되는 복장을 입고 상황에 맞게 조절할 수 있도록 여지를 남겨둔 것이다.

41 『국역 사의』, 한국고전의례연구회, 2006, 보고사, 472면 참조.

③번 조목은 묘제를 지낸 뒤, 바로 뒤이어 후토제를 지내는 절차이다. 『봉선잡의』에서는 “사신하고 철상한다. 그대로 후토에 제사지내는데, 자리를 깔고 음식을 진설한다.” 하였고, 『가례』에서는 여기에다가 “자리의 남쪽 끝에 쟁반 네 개를 진설한다. 쟁반 · 술잔 · 시저를 북쪽에 진설한다.” 하였다. 『봉선잡의』에서 이 대목을 생략한 것은 앞서의 여러 절차에서와 마찬가지의 의도를 가지고 있다 하겠다.

④번 조목은 후토제를 지내는 부분에 관한 것이다. 『봉선잡의』에서는 주자가 자식들을 경계하기 위해 보낸 글을 인용하면서 ‘이후로는 묘소 앞에 진설하는 것과 똑같이 차등을 두지 말고 채소 · 과일 · 젓갈 · 포 · 밥 · 차 · 탕을 각각 한 그릇씩 진설하라’ 고 했다. 그러나 본디 『가례』에는 ‘이후로는 묘소 앞에 진설하는 것과 똑같이 차등을 두지 말고 채소 · 과일 · 육장 · 포는 모두 열 그릇, 고기 · 생선 · 만두는 각각 큰 쟁반으로 하나, 국 · 밥 · 차 · 탕은 각각 한 그릇씩 진설하라’ 고 했다. 중국과 우리나라 제례 규모의 차이가 확연히 보이는 대목이다. 결국, 회재는 우리나라의 문화 · 풍습 · 경제 규모까지 고려하여 실용적으로 활용할 수 있게 이 책을 기술한 것이다.

이상의 것을 정리하면, 『봉선잡의』는 기본적으로 제례 공간의 마련, 제례의 절차, 의복과 찬품의 준비 등에 있어 각 가정마다 실용적이고 합리적으로 시행할 수 있어야한다는 의도가 담긴 예서라고 할 수 있다. 제례 절차나 상차림의 세부 지침이 강화될수록 예를 시행하는 입장에서는 부담을 느낄 수밖에 없고, 그러다 보면 형식에 치우치기 쉽다. 『봉선잡의』는 큰 틀에서 필수적으로 행하고 갖추어야 할 것만 제시하고, 그 이외의 것은 선택적으로 취사取捨할 수 있도록 개방하고 있다. 그러면서 제례의 본질인 추원보본追遠報本의 정신을 잊지 않도록 형식과 본질에 대해 언급한 성현의 글을 함께 덧붙임으로써 자신이 가지고 있는 예학 정신을 이 책을 통해 드러냈다고 하겠다. 후대의 예서들이 행례의 절차를 놓고 갑론을박하면서 형식화, 복잡화, 세밀화 되는 것과 비교해 보면 그 차이는 분명히 드러난다.

회재 이언적의 예학사상

회재에 대해서는 그간 많은 연구 논문들이 나와 있다.[42] 그러나 그의 예학분야에 대해서는 앞에서 인용한 도민재의 논문이 유일하고, 나머지는 16세기 전후 예학사에서 단편적으로 다루어졌을 뿐이다.[43]

『봉선잡의』는 회재가 양재역良才驛 벽서사건壁書事件에 연루되어 강계江界로 유배되었을 때 저술한 것으로 그가 60세 되던 1550년(명종5)에 완성된 것이다. 이 책의 맨 마지막 장에는 회재가 직접 쓴 발문이 있는데, 저술 목적이 들어 있다. 주자의 『가례』를 근본으로 하고 사마광의 『서의書儀』와 정자의 『제례祭禮』 및 시속의 예를 참고하여 한 집안의 법도로 삼을 수 있도록 저술하였다는 것이다.

> 『봉선잡의』는 『주문공가례』를 근본으로 하고 사마공과 정자의 『제례』 및 시속의 마땅한 예를 참고하였으며, 조금 손익을 더하여 간편함을 따라서 한 집안의 예로 삼은 것이니, 거의 지금에도 마땅하여 준수함에 폐할 것이 없을 것이다. 대저 제사의 뜻에는 근본이 있고 형식이 있다. 근본이 없으면 설 수 없고 형식이 없으면 행할 수 없으니, 마음에 존재하는 것은 근본이고 사물에 나타나는 것이 형식이다. 대개 반드시 형식과 근본을 같이 다해야만 비로소 제사의 뜻을 다했다고 말할 수 있다. 마음에 존재하는 것이 미진한 것이 있으면 비록 절문이 갖추어져 있다하더라도 이것 역시 헛된 것이다. 그래서 또 예경의 글과 선성 선현의 말 중에서 근본에 보답하고 먼 조상을 추모하는 의리를 밝히는 것을 모아서 별도로 한 편을 만들어 뒤에 덧붙였으니 어진 사람과 효자가 이에 마음을 써서 깊이 체득하게 되면 마음에 근거한 사랑과 공경의 마음이 유연히 드러나 스스로 그만둘 수 없게 될 것이다.[44]

42 도민재, 위의 논문, 각주 2), 3), 4), 5)번에 회재에 관한 연구 논문이 일목요연하게 정리되어 있다.

43 고영진,『조선중기 예학사상사』, 한길사, 1995 ; 정경희, 「조선전기 예제 · 예학 연구」, 서울대 박사학위논문, 2000.

44 右奉先雜儀 本於朱文公家禮 而叅以司馬公 程氏祭禮及時俗之宜 稍加損益 務從簡易 以爲一家之禮 庶幾宜於今而遵守勿替云爾 夫祭祀之義 有本有文 無本不立 無文不行 存乎心者本也 著於物者文也 盖必文與本兼盡 始可謂之盡祭之義 存乎心者 有所未盡焉 則節文雖備 是亦虛而已矣 故又採禮經之文 及先聖賢之言 有明報本追遠之義者 別爲一篇 以附于後 仁人孝子 於此潛心而深體之 則愛敬之根於心者 油然以發 而自有不能已者矣

이 글을 통해 우선 '형식과 근본을 같이 다해야만 비로소 제사의 뜻을 다했다고 말할 수 있다.'는 회재의 예禮에 대한 기본적인 생각을 읽을 수 있다. 그리고 회재는 이 책을 지음에 절문節文을 갖춘 뒤 예경禮經의 글과 선성先聖 · 선현先賢들의 말 중에서 추원보본追遠報本의 의리를 밝히는 것을 모아 별도로 덧붙였다고 했다. 이것이 『봉선잡의』 하권이며, 여기에는 『예기』와 『논어』 등에서 발췌한 글들이 보인다. 여기서는 상권에 회재가 덧붙인 '안설按說'을 통해 그의 예학 사상을 살펴보도록 하겠다.

먼저 〈사당장〉중 "시속명절에는 제철 음식을 올린다俗節則獻以時食" 조목에서 『가례』에는 '청명 · 한식 · 단오 · 백중 · 중양 따위가 향속에서 숭상하는 것'이라고 하였는데, 『봉선잡의』에서는 정월 초하루 · 한식 · 단오 · 추석을 시속 명절이라고 했다. 이미 우리나라에서는 『가례』에 없는 여묘살이를 중히 여기는 풍습이 있었으니, 시속명절에 묘소에 가서 절하고 청소하며 제철 음식을 올리는 것은 풍습으로 굳어진지 오래였다. 악습이 아닌 바에야 조상을 섬기는 정성에서 나온 오래된 풍습을 폐지할 수가 없는 것이다. 따라서 회재는 아래와 같이 말한다.

> 생각건대, 시속에서는 정월 초하루 · 한식 · 단오 · 추석에 모두 묘소에 가서 절하고 청소하니, 지금은 폐할 수가 없다. 이날에는 새벽에 사당에 가서 음식을 올리고 묘소 앞에 나아가 제사지내고 절을 해야 할 것이다. 만약 묘소가 멀다면 이삼일 전에 묘소에 가서 재계하고 잠을 잔 뒤에 제사지내고 절을 하는 것도 좋겠다.[45]

즉, 시속에서는 명절마다 묘제를 지내고 청소하는 것이 풍습이 되었으니, 이것을 폐할 것이 아니라 명절날 새벽에 사당에 가서 음식을 올리고, 이것이 끝나면 묘소에 올라가 제사지내고 절을 하면 된다는 것이다. 만약 묘소가 멀어서 명절날 새벽 사당에 음식을 올리고 묘소에 올라가기 어렵다면 이삼일 전에 미리 묘소에 가서 재계하고 깨끗이 청소한 뒤에 묘제를 지내는 것

45 按 世俗 正朝寒食端午秋夕 皆詣墓拜掃 今不可偏廢 是日晨詣祠堂薦食 仍詣墓前奠拜 若墓遠則前二三日 詣墓所齊宿 奠拜亦可.

도 좋다고 했다. 그리고 난 뒤 사당이 있는 집이라면 명절 당일 사당에 음식을 올려 제를 지내면 되고, 사당이 없는 경우라면 오늘날과 같이 아침 무렵 정침에서 제를 지내면 되는 것이다.

다음은 '기일 사흘 전부터 재계한다前期三日齊戒'는 조목에서 치재致齊와 산재散齊에 대한 안설이다. 「제의」와 정자의 말 가운데 재계에 대한 아래와 같은 말을 인용하고, 자신의 견해를 붙였다.

「제의」에서 말하였다. "'재계하는 날에는 그 분의 거처를 생각하고, 그 분의 웃고 말하던 것을 생각하며, 그 분이 즐거워하던 것과 좋아하던 것을 생각한다. 재계 3일이면 재계하는 대상이 보이는 듯하다.'고 하였으니, 반드시 오로지 제사에 정성을 다할 것을 생각하는 것이다."[46]

정자가 말했다. "이는 효자가 평일에 어버이를 생각하는 것이지 재계가 아니다. 재계에는 생각이 있는 것을 용납하지 않는다. 생각이 있으면 재계가 아니다. 재계하는 자는 담담하고 순일해야 바야흐로 귀신과 접한다."[47]

생각건대, 정자의 설은 「제의」의 뜻과 다른 것이 있다. 대개 효자가 평일에 어버이를 생각하는 마음은 참으로 지극하지 않음이 없지만, 제사지내려고 함에 재계하는 것은 그 추모하는 마음이 더욱 절실함이니, 어찌 그 거처와 말과 웃음과 뜻과 좋아하던 것과 즐기던 것을 생각하지 않겠는가? 그러나 이는 산재하는 날에 하는 것이다. 치재하는 날이 되면 담담히 순일하게 하여 오로지 그 정밀하고 밝은 덕을 극진히 하여야 신명과 교접할 수 있다.[48]

『격몽요결』「제례」장에서는 "사시제를 지낼 때에는 4일 동안 산재하고 3일 동안 치재하며, 기제를 지낼 때에는 2일 동안 산재하고 1일 동안 치재하며, 참례參禮를 지낼 때에는 1일 동안 제숙齊宿한다." 하였다. 즉, 회재는 '재계한다'는 말을 산재와 치재로 분명히 구분지어 「제의」에

46 祭儀云 齊之日 思其居處 思其笑語 思其志意 思其所樂 思其所嗜 齊三日 乃見其所以爲齊者 專致思於祭祀也.

47 程子曰 此孝子平日思親之心 非齊也 齊不容有思 有思非齊 齊者 湛然純一 方能與鬼神接

48 按 程子之論 有異於「祭義」之意 盖孝子平日 思親之心 固無所不至 至於將祭而齊 其追慕之心益切 安得不思其居處言笑志意樂嗜乎 然此乃散齊之日所爲也 至於致齊日 則湛然純一 專致其精明之德 乃可交於神明.

서 말하는 재계는 산재할 때의 행동거지이고, 정자의 '재계하는 자는 담담하고 순일해야' 한다는 말은 치재 때 효자가 취해야 할 행동이라는 말로 자칫 오해하고 혼란을 야기할 수 있는 부분을 설명하고 있다. 그러나 여기에서도 회재는 며칠 동안 산재하고 치재해야 한다는 구체적인 일수를 언급하지는 않는다. 제사를 지내기 위해 효자가 재계할 때의 행동거지나 마음가짐이 경건해야만 신명과 접할 수 있다는 원론을 제시하는 것으로 끝맺는다.

다음은 '남은 제사 음식을 대접한다餕' 조목에서 4대 봉사에 대한 회재의 의견이다. 주자는 "제사는 사랑하고 공경하는 정성을 다하는 것을 위주로 할 뿐이다. 가난하면 집의 재물에 맞게 하고, 병들면 힘을 헤아려서 행한다. 재물과 힘이 미칠 수 있는 자는 각자 의식대로 함이 마땅하다." 하였다. 이에 대해 회재는 아래와 같은 안설을 붙였다.

> 생각건대, 정자는 '고조에게 복이 있는데도 제사지내지 않는 것은 매우 잘못된 것이다.' 하였다. 『문공가례』에서 제사를 고조까지 지내도록 한 것은 대개 정자의 예에 근거한 것이다. 그러나 예에는 '대부 3묘, 사 2묘' 라 하여 제사가 고조에게 미친다는 글은 없다. 그러므로 주자도 고조에게 제사지내는 것이 참람된 것이라고 여겼다. 또한 지금 우리나라의 예전에 6품 이상은 3대를 제사지내도록 되어 있으니, 어길 수가 없는 것이다. 조심스레 생각하건대, 고조는 비록 사당이 없더라도 그 제사를 오로지 폐할 수는 없다. 봄가을 시속 명절에 자손들을 이끌고 묘에 가서 제사지낸다면, 거의 예의 본뜻에 어긋남이 없을 것이며, 또한 근본을 잊어버리는 데도 이르지 않게 될 것이다.[49]

즉, 회재는 우리나라 『경국대전』에 6품 이상이라야 3대 봉사할 수 있다는 조목과 주자도 고조에게 제사지내는 것은 참람된 것이라고 한 부분을 들어 우리나라 풍속을 따르는 것이 좋겠다는 의견이다. 다만 고조의 제사를 오로지 폐할 수는 없기 때문에 명절에 묘소에 가서 제사지낸

49 按 程子言 高祖有服不祭 甚非 文公家禮 祭及高祖 盖亦本於程氏之禮也 然禮大夫三廟士二廟 無祭及高祖之文 故朱子亦以祭高祖爲僭 且今國朝禮典 六品以上祭三代 不可違也 竊意 高祖雖無廟 亦不可專廢其祭 春秋俗節 率其子孫 詣墓祭之 庶無違禮意 而亦不至忘本也.

다면 예의 본뜻에도 어긋남이 없을 것이고, 예의 근본을 잊어버리지도 않을 것이라고 한다. 결과적으로 회재는 예의 본질과 근본을 벗어나지 않으면서도 신분과 경제력, 그리고 우리나라 풍습에 맞게 제례를 지내는 것이 옳다고 본 것이다.

다음은 기일제를 지낼 때 고비합설 문제에 대한 안설이다. 주자는 단설을 주장하였고 정자는 합설을 주장하였다. 이에 대해 회재의 의견은 다음과 같다.

> 생각건대, 『문공가례』에는 기일에 다만 한 위位만 진설한다 하였고, 정자의 『제례』에는 기일에 고비를 함께 제사지낸다고 하여, 두 선생의 예가 다르다. 대개 한 위만 진설하는 것이 바른 예이고 고비를 함께 제사지내는 것은 예가 정情에 근거한다는 것이다. 만약 '죽은 사람 섬기기를 산 사람 섬기는 것 같이 한다'는 것과 '같은 자리를 깔고 같은 궤를 마련한다.'는 뜻으로 미루어본다면, 예가 정에 근본한다는 것도 그만둘 수 없을 것이다.[50]

『국조오례의』〈대부 · 사 · 서인의 사중월 시향에 관한 의식〉에는 "기일에는 다만 제삿날에 해당하는 한 분의 신위만을 정침에 모신다."[51]라고 하여 단설로 규정하고 있다. 회재도 『가례』의 단설이 바른 예라고 여기면서도 『정씨사선범례程氏祀先凡例』의 합설해도 된다는 내용과 정자의 「제례」에 "기일에 고비를 함께 제사지낸다."는 말, '죽은 사람 섬기기를 산 사람 섬기는 것 같이 한다'는 『논어』의 말과 '같은 자리를 깔고 같은 궤를 마련한다.'는 「제통」의 말을 인용하면서 "예가 정에 근본한다는 것도 그만둘 수 없다."하고 합설을 허용하고 있다. 이 문제만큼은 『국조오례의』나 『가례』에 단설로 규정되어 있었지만 회재는 시속을 따라 합설을 용인하고 있다.

이에 반해 퇴계는 『상제례답문』에서 학봉 김성일에게 "기제사 때 항상 고위와 비위를 함께

50 按 文公家禮 忌日止設一位 程氏祭禮 忌日配祭考妣 二家之禮不同 盖止設一位 禮之正也 配祭考妣禮之本於情者也 若以事死如事生 鋪筵設同几之意推之 禮之本於情者 亦有所不能已也.

51 〈士大夫庶人四仲月時享儀〉: 忌日則只設當祭一位之座於正寢.

지내지만 이것은 예가 아니다. 고위의 제사에 비위를 함께 모시는 것은 옳을지도 모르나, 비위의 제사에 고위를 함께 지내는 것은 감히 존귀함을 끌어내리는 것이 아니고 무엇이겠는가? 우리 가문 역시 이렇게 하고 있으나 내가 종자가 아니기 때문에 마음대로 바꾸지 않았다. 다만 내가 죽은 후에는 이러한 습속을 따르지 못하도록 할 것이다."[52] 하였다. 퇴계와 학봉 김성일과의 이 문답으로 볼 때 합설하는 방식은 오래된 우리 풍속이었지만, 이 풍속에 대해 이 당시에도 찬반 의견이 갈리고 있음을 알 수 있다. 회재가 합설하는 것도 좋다고 한 견해 때문인지 현재 경주 양동에 위치한 회재 종가에서는 합설共卓로 거행하고 있고, 퇴계 종가에서는 단설로 설위設位하고 있다.[53]

다음은 묘제에 붙인 회재의 안설이다.

> 생각건대, 『가례』에서는 묘제를 3월 상순에 날을 택하여 행한다고 하였으나, 지금 시속에서는 정월 초하룻날과 한식 · 단오 · 추석에 모두 묘소에 가서 절하고 청소한다. 이제는 시속을 따라 행하는 것도 좋을 것이다.[54]

묘제는 예로부터 우리나라의 풍습이다. 『가례』에는 집안에 사당을 지어 모든 제례를 사당에서 하도록 한다. 이에 따라 조선초기 나라에서 사대부에게 사당을 짓도록 권고하였지만 사당을 짓는 데에는 경제력이 뒷받침되어야만 하기 때문에 이 일은 쉽게 확산되지 못했다. 게다가 우리나라에는 고유 풍속인 묘제가 있었기 때문에 사당이 있다하더라도 『가례』에서처럼 3월 상순에 날을 택하여 한 번 지내는 것이 아니라, 시속 명절이 되면 모두 묘소에 가서 절하고 청소하니 회재도 이 시속을 따라 행하는 것이 좋다고 했다.

국가에서는 사당을 짓고 『가례』의 절차를 본받아 생활할 것을 요구했지만, 회재는 『가례』의 틀을 가지고 오기는 하되, 오래된 우리의 습속이므로 바꿀 수 없다는 논리를 내세워 우리나

52 人於忌祭 嘗幷祭考妣 甚非禮也 考祭祭妣 猶之可也 妣祭祭考 豈有敢援尊之義乎 吾門亦嘗如此 而非宗子 故不敢擅改 只令吾身後 勿用俗耳.

53 김미영,『유교의례의 전통과 상징』, 민속원, 2010, 144~146면 참조.

54 按 家禮 墓祭三月上旬擇日行之 今世俗 正朝寒食端午秋夕 皆詣墓拜掃 今且從俗行之可也.

라의 풍속과 국제를 존중하는 입장에 있었던 것이다. 즉, 형식만큼이나 제례의 본질이 중요하고, 예란 시의성에 맞아야 한다는 예학의 기본을 충실히 계승했던 것이다. 게다가 우리의 습속이 예의 본질에서 벗어나지 않을 뿐만 아니라, 정情에 우선하여 더 후厚하고, 그것이 효孝에 마땅하므로 이것이 합리적이라고 판단하여 이를 저술로써 드러낸 것이다.

'우리나라 시속에서 행해오던 재래의 예속이 근간이 되고, 『가례』는 그것의 이론적 틀을 제공하거나 의식 절차를 확정하는 데 영향을 미쳤을 것이다.'는 가설을 세운다면, 『봉선잡의』는 바로 그 가설을 증명하는 중요한 책이라고 할 수 있다.[55]

『봉선잡의』의 의의

『봉선잡의』는 우리나라 풍속에 『가례』를 어떻게 적용시켜나갈 수 있는지를 여실히 보여주는 책이라는 점, 예의 형식과 본질을 모두 다루고 있다는 점, 우리나라에서 예서禮書 형태를 갖춘 최초의 책이라는 점에서 큰 의의를 갖는다. 더불어 후대에 나온 예서들처럼 무조건적인 『가례』 존숭의 자세가 아니라 제례 절차의 정비와 제례의 본질 찾기에 초점을 맞춘 예학자의 사상도 엿볼 수 있다는 점에서 다시 한 번 제대로 된 평가를 받을 필요가 있다. 회재의 이런 사상은 『가례』와의 비교를 통해 저술 곳곳에 녹아있음이 드러났다.

앞서 그가 이 책을 기술하면서 제례에 대한 큰 틀만 제시하고 소소한 행례절차나 찬품의 수, 명칭 따위를 언급하지 않은 이유를 세 가지 정도로 추정해보았다. 첫째, 제사지내는 목적인 슬픔과 공경이라는 본질에 더 힘쓰도록 하기 위해서이다. 둘째, 『가례』를 근본으로 하였기 때문에 『봉선잡의』에 언급하지 않은 나머지는 실행 주체의 지위와 능력에 따라 융통성을 발휘하여 『가례』를 따르도록 한 것이다. 셋째, 후대의 예서들이 미완인 『가례』를 보완하는 과정에서 소소한 것들까지 모두 문자화함으로써 번문욕례繁文縟禮라고 지적받은 것에서 알 수 있듯이 대체

55 남재주의 「退溪의 折衷的 論禮 관점」, 『동양한문학연구』 33, 2011. 에서도 이러한 점을 주장한 바 있다.

大體만 서술하여 시의 적절하게 실천이 용이하도록 그 실천가능성을 높인 것이다.

앞에서 『봉선잡의』와 『가례』의 차이점에 대해 살펴본 것들을 요약하면 아래와 같다.

첫째, 회재가 『가례』를 따르지 않고 국제를 따른 것은 대표적으로 3대 봉사를 들 수 있다. 국제가 그러했기 때문에 이를 존중하는 측면도 작용 했을 것이다. 둘째, 『봉선잡의』에는 사당에 고할 때 주인이나 독축이나 꿇어앉는 자세를 취하는데, 『가례』에는 주인은 선 자세로 있고, 독축만 꿇어앉아 읽고, 끝나면 일어선다고 하였다. 우리나라는 오랜 세월 좌식 생활을 위주로 해왔다. 때문에 입식 생활하는 중국과 달리 꿇어앉거나 엎드리는 것을 경건하게 생각한다. 회재는 우리의 습속을 반영하여 모두 꿇어앉는 자세를 취하는 것으로 기술하였다. 셋째, 『봉선잡의』에서는 고사나 축사에 아버지와 어머니를 가리켜 '고考' '비妣'라 칭하고 있는데, 『가례』에서는 '황고皇考'와 '황비皇妣'라 칭하고 있다. 고봉 기대승의 말에 의하면, '황고皇考', '황비皇妣'는 황제皇帝의 '황皇'과 달리 옛사람들이 부모를 높여 부르는 말일 뿐이지만, 이것이 황제의 '황'과 글자와 음이 같아 오해의 소지가 있기 때문에 후세 사람들은 '황皇' 자를 피하여 '현고顯考'와 '현비顯妣'로 쓰게 되었다. 넷째, 『가례』에서는 기제사에 단설하는 것으로 규정하고 있다. 회재는 『봉선잡의』에서 단설로 지내는 것이 바른 예인 줄은 알지만 "예가 정에 근본한다는 것도 그만 둘 수 없다."는 정자의 말을 근거로 고비 합설을 허용하고 있다. 다섯째, 『가례』에는 3월 상순에 묘제를 한 번 지내는 것으로 되어 있다. 그러나 우리 풍속은 1월 1일 · 한식 · 단오 · 추석 등 시속 명절마다 묘소에 올라 절하고 청소하며 묘제를 지냈다. 혼이 떠나버린 육신이지만 내 조상이기에 공경했던 것이다. 그래서 『봉선잡의』에서는 시속을 따라 행하는 것도 좋다고 하여 우리나라 습속도 존중하면서 추원보본의 본질을 지켜나가는 쪽으로 예를 정리하고 있다. 여섯째, 후토제를 지낼 때, 『봉선잡의』에서는 '채소 · 과일 · 젓갈 · 포 · 밥 · 차 · 탕을 각각 한 그릇씩 진설하라'고 했고, 『가례』에는 '채소 · 과일 · 육장 · 포는 모두 열 그릇, 고기 · 생선 · 만두는 각각 큰 쟁반으로 하나, 국 · 밥 · 차 · 탕은 각각 한 그릇씩 진설하라'고 했다. 즉, 회재는 우리나라의 생활 정도를 고려하여 제수 음식의 규모를 줄여 기술하였다.

결론적으로 『봉선잡의』는 주자의 예학에 대한 이해가 깊어지기 전 단계에서 우리나라 풍속에 『가례』를 어떻게 끌어올지 시험하는 과정에 있는 저술이며, 그 바탕은 우리나라의 풍속과 국제를 존중하는 입장이다.

『가례』에는 〈사당〉에 이어 〈심의제도〉를 다루고 있는데 『봉선잡의』에는 이에 대한 언급이 없다. 아직 여러 측면에서 예를 실천하는데 필요한 조건이나 분위기가 조성되지 않은 상태라 이에 대한 인식이 크지 않았던 때문일 것이다. 퇴계 이후에 오면 여러 예학파가 생겨날 만큼 이론적으로 상당히 축적이 되는데 이때와 비교하면서 회재의 예설이 후대에 어떤 영향을 미쳤는지 살피는 것은 과제로 남는다.

참고문헌

『고봉집』, 「兩先生往復書」 권2.

『한국예학총서』 1권, 「봉선잡의」, 경성대학교 한국학연구소, 2008.

『한국예학총서』 5권, 「가례집람」, 〈제례〉, 경성대학교 한국학연구소, 2008.

한국고전의례연구회, 『국역 사의』, 보고사, 2006.

한국고전의례연구회, 『국역 상변통고』, 신지서원, 2009.

한국고전의례연구회, 『국역 가례증해1』, 「통례」, 민속원, 2011.

고영진, 『조선중기예학사상사』, 한길사, 1995.

남재주, 「조선후기 예학의 지역적 전개 양상 연구-영남지역 예학을 중심으로」, 경성대 박사학위논문, 2012.

______, 「退溪의 折衷的 論禮 관점」, 『동양한문학연구』 33, 동양한문학회, 2011.

김미영, 『유교의례의 전통과 상징』, 민속원, 2010.

김순미, 「『주자가례』와 조선의 시속례 일고찰」, 『국학연구』 23집, 2013.

도민재, 「회재 이언적의 예학사상 연구」, 『동양철학연구』 35집, 2003.

임민혁, 『주자가례』, 예문서원, 1999.

정경희, 「조선전기 예제 · 예학 연구」, 서울대 박사학위논문, 2000.

______, 「16세기 후반~17세기 초반 퇴계학파의 예학」, 『한국학보』 26권, 일지사, 2000.

봉선잡의

上

사당을 정침의 동쪽에 세우고, 선대의 신주를 모신다

立祠堂於正寢之東 以奉先世神主

사당의 제도는 3칸이다. 중문 밖에 두 개의 계단을 만드는데, 동쪽은 조계阼階[1]라 하고 서쪽은 서계西階라 한다. 신주神主는 모두 독櫝 속에 보관하여 탁자 위에 두는데, 각기 하나씩의 감실龕室[2]을 만들어 남향으로 둔다. 감실 밖에는 각각 작은 발을 드리우고, 발 밖에 향탁香卓을 당 가운데 설치하고 향로香爐와 향합香盒을 그 위에 둔다. 또 유서遺書 의물衣物[3] 제기祭器를 보관하는 창고와 신주神廚[4]를 그 동쪽에 짓고, 담을 둘러 별도로 외문外門을 만들고 항상 빗장을 걸어 닫아두어 어린 아이나 종이 가까이 하지 못하게 한다. 만약 집이 가난하거나 땅이 좁거든 1칸으로 하고, 신주와 창고는 세우지 않는다.

祠堂之制三間 中門外爲兩階 東曰阼階 西曰西階 神主皆藏於櫝中 置於卓上 各爲一龕南向 外垂小簾 簾外設香卓於堂中 置香爐香合於其上 又爲遺書 衣物祭器庫 及神廚於其東 繚以周垣 別爲外門 常加扃閉 童孩僕妾不得褻近 若家貧地狹 則止立一間 不立廚庫

무릇 집의 제도는 다만 앞은 남쪽, 뒤는 북쪽, 왼편은 동쪽, 오른편은 서쪽으로 한다. 이후 모두 이와 같다.

凡屋之制 但以前爲南 後爲北 左爲東 右爲西 後皆放此

무릇 사당이 있는 집은 종자가 대대로 지키고 나누지 못하게 한다.

凡祠堂所在之宅 宗子世守之 不得分析

1 조계(阼階): 조(阼)는 초(酢)와 같다. 동쪽 계단으로 빈객에게 술잔을 돌려받는 곳이다. (『儀禮』「士冠禮」注)

2 감실(龕室): 사당 안에 신주를 모셔두는 장(欌)을 말한다. 벽을 뚫어 공간을 마련하기도 한다.

3 의물(衣物): 조상이 입던 옷가지.

4 신주(神廚): 사계(沙溪) 김장생(金長生)은 "제사지낼 때 술이나 음식을 데우는 곳"이라고 하였다. (『家禮增解』)

奉先雜儀卷之上

立祠堂於正寢之東以奉先世神主

祠堂之制三間中門外爲兩階東曰阼階西曰西階神主皆藏於櫝中置於卓上各爲一龕南向外垂小簾簾外設香卓於堂中置香爐香合於其上又爲遺書衣物祭器庫及神廚於其東繚以周垣別爲外門常加扃閉童孩僕妾不得褻近若家貧地狹則止立一間不立廚庫 凡屋之制但以前爲南後爲北左爲東右爲西後皆放此○凡祠堂所在之宅宗子世守之不得分析

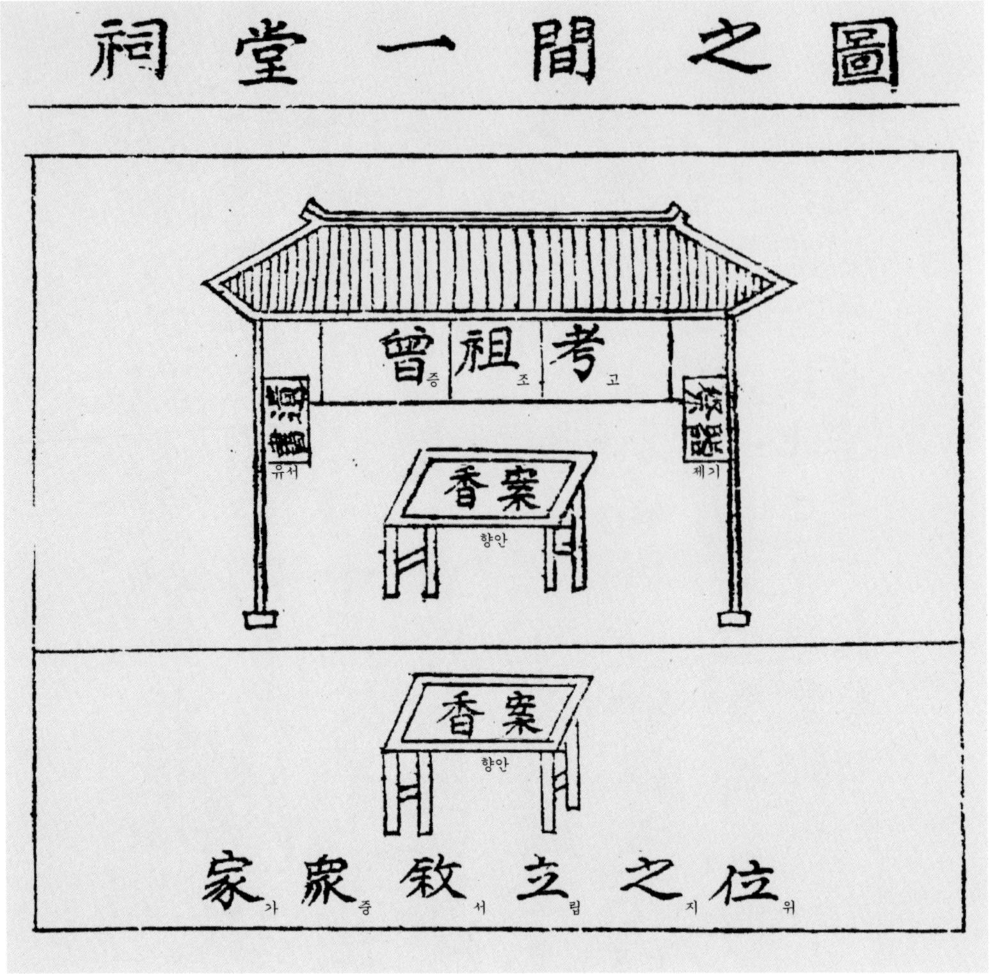

〈사당 1칸도〉

유서(遺書): 선조가 남긴 책
제기(祭器): 제사에 쓰이는 기물
향안(香案): 향과 향로를 올리는 곳
가중서립지위(家衆敍立之位): 가족들이 서는 자리

〈사당 1칸도〉와 〈사당 3칸도〉는 역자가 명나라 丘濬의 『家禮儀節』에서 인용하여, 독자들의 이해를 돕기 위해 『봉선잡의』의 내용에 맞게 재구성한 것이다.

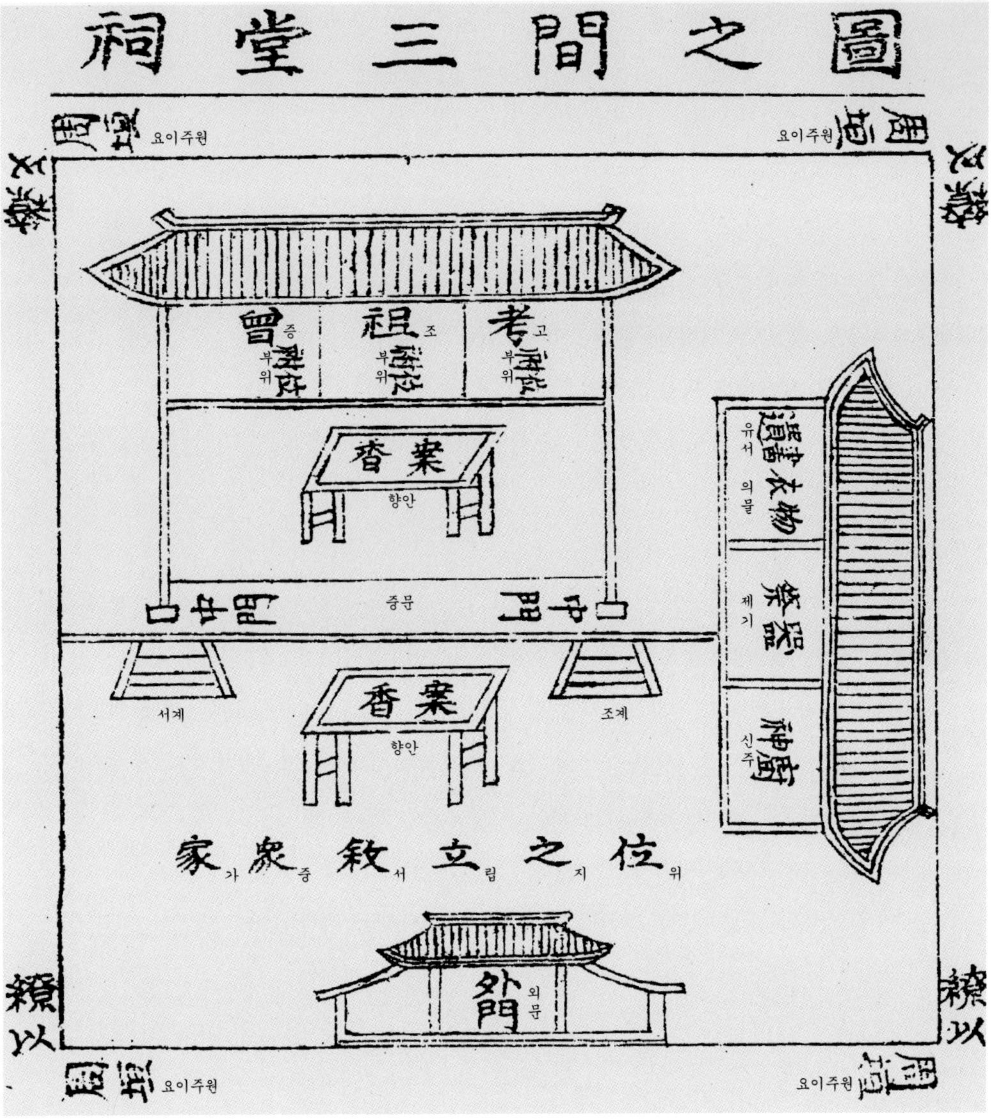

〈사당 3칸도〉

요이주원(繚以周垣): 사방을 담으로 두름
의물(衣物): 조상이 입던 옷가지
신주(神廚): 제찬을 올리기 전에 보관하거나 음식을 데우는 곳
부위(祔位): 정위에 합사한 신위

방친[5] 중에 후사가 없는 자는 그 반열에 부班祔[6]한다

旁親之無後者 以其班祔

백숙부모는 증조에게 부祔하고 처와 형제 및 형제의 처는 조부에게 부하고 자식과 조카는 아버지에게 부하는데, 모두 서향西向한다. 신주와 독은 다 정위正位[7]와 같이 한다. 조카는 아버지의 사당이 각자 세워지면 옮겨서 따라간다.[8]

伯叔父母 祔于曾祖 妻若兄弟若兄弟之妻 祔于祖 子姪祔于父 皆西向 主櫝並如正位 姪之父自立祠堂 則遷而從之

정자가 말하였다. "무복無服의 상殤[9]은 제사지내지 않고, 하상下殤의 제사는 부모 자신에게서 끝나며, 중상中殤의 제사는 형제 자신에게서 끝나고, 장상長殤의 제사는 형제의 아들 자신에게서 끝나며, 성인成人[10]으로 후사가 없는 자의 제사는 형제의 손자 자신에게서 끝난다. 이것은 모두 의리義理로 일으킨 것이다."

程子曰 無服之殤不祭 下殤之祭 終父母之身 中殤之祭 終兄弟之身 長殤之祭 終兄弟之子之身 成人而無後者 其祭終兄弟之孫之身 此皆以義起者也

8세에서 11세까지를 하상이라 하고, 12세에서 15세까지를 중상이라 하고, 16세에서 19세까지를 장상이라고 한다.

八歲至十一爲下殤 十二至十五爲中殤 十六至十九爲長殤

5 방친(旁親): 직계에서 갈라져 나온 방계의 친척. 나로부터 아버지, 조부, 증조부, 고조부는 직계 존속이나, 그 백부와 숙부, 백조(伯祖)나 숙조(叔祖), 증백조(曾伯祖)와 증숙조(曾叔祖), 그리고 백숙 부조(父祖)의 중자(衆子) 형제는 모두 나의 직계 혈족이 아닌 친족이니, 이를 방친이라 한다.

6 반부(班祔): 자식이 없는 사람의 신주를 해당하는 반열에 모시는 일을 말한다.

7 정위(正位): 고조, 증조, 조, 부의 4대 신위를 말한다. 여기에 합사한 신위를 부위(祔位)라 한다.

8 조카가 후사(後嗣) 없이 죽었을 때 종가의 사당에 반부(班祔)하였다가, 조카의 아버지가 죽어 그 아버지 사당이 건립되면 조카의 신주는 당연히 그 아버지 사당으로 옮겨가서 제2위에 모신다는 말이다.

9 7세 이하에 어려서 죽은 아이.

10 장부는 관례를 하고, 여자는 시집가기로 허락한 경우.

旁親之無後者以其班祔

伯叔父母祔于曾祖妻若兄弟若兄弟之妻祔于祖子姪祔于父皆西向主櫝並如正位姪之父自立祠堂則遷而從之 程子曰無服之殤不祭下殤之祭終父母之身中殤之祭終兄弟之身長殤之祭終兄弟之子之身成人而無後者其祭終兄弟之孫之身此皆以義起者也 ○八歲至十一爲下殤十二至十五爲中殤十六至十九爲長殤

置祭田具祭器

初立祠堂則計見田取其二十之三以爲祭田宗子主之以給祭用牀席倚卓酒食之器隨其合用之數皆具貯於庫中而封鎖之不得他用 無庫則

제전을 두고 제기를 갖춘다
置祭田 具祭器

처음 사당을 세우면, 현재 남아있는 밭을 계산하여 그 20분의 3을 취하여 제전祭田[11]으로 하고, 종자가 주관하여 제사 비용을 공급한다. 상牀, 자리席, 의자倚, 탁자卓, 술과 제물을 담을 그릇은 그 사용될 수량에 따라 모두 마련하여 창고 안에 넣고 봉함하여 자물쇠로 잠가서 다른 용도로 쓰지 못하게 한다. 창고가 없으면 궤짝 안에 넣어 두되, 넣어둘 수 없는 것은 외문外門[12] 안에 진열한다.

初立祠堂 則計見田 取其二十之三 以爲祭田 宗子主之 以給祭用 牀席倚卓酒食之器 隨其合用之數 皆具 貯於庫中 而封鏁之 不得他用 無庫則貯於櫃中 不可貯者 列於外門之內

11 제전(祭田): 제사 비용을 감당할 종중(宗中)의 땅.

12 외문(外門): 삼문(내문, 중문, 외문) 중 제일 바깥의 문.

伯叔父母祔于曾祖妻若兄弟若兄弟之妻祔于祖子姪祔于父皆西向主櫝並如正位姪之父自立祠堂則遷而從之 程子曰無服之殤不祭下殤之祭終父母之身中殤之祭終兄弟之身長殤之祭終兄弟之子之身成人而無後者其祭終兄弟之孫之身此皆以義起者也○八歲至十一爲下殤十二至十五爲中殤十六至十九爲長殤

置祭田具祭器

初立祠堂則計見田取其二十之三以爲祭田宗子主之以給祭用牀席倚卓酒食之器隨其合用之數皆具貯於庫中而封鎖之不得他用 無庫則貯於櫃中不可貯者列於外門之內

주인은 대문 안에서 신알하고, 새로 난 음식물이 있으면 올린다
主人 晨謁於大門之內 有新物則薦之

주인은 종자宗子로서 제사를 주관하는 자를 말한다. 신알晨謁[13]할 적에는 심의深衣[14]를 입고서 분향하고 재배한다. 새로 난 음식물이 있으면 작은 쟁반에 담아 올리고 주독主櫝을 열고 분향하고 재배한다.

主人 謂宗子主祭者 晨謁 深衣焚香再拜 有新物 則薦以小盤 啓櫝焚香再拜

사마온공의 「영당잡의影堂雜儀」[15]주註에 "철따라 새로 난 음식물이 있으면 먼저 영당에 올린다."라고 하였다.

司馬溫公註影堂雜儀 有時新之物 則先薦于影堂

13 신알(晨謁): 새벽에 사당에 배알(拜謁)하는 일.

14 심의(深衣): 간단한 예복으로 소매를 넓게 하고 검은 비단으로 가를 두른 옷.

15 「영당잡의(影堂雜儀)」: 사마온공이 지은『書儀』의 장명(章名).

主人晨謁於大門之內有新物則薦之

主人謂宗子主祭者晨謁深衣焚香再拜有新物則薦以小盤啓櫝焚香再拜司馬温公影堂雜儀有時新之物則先薦于影堂

出入必告

主人主婦近出則入大門瞻禮而行歸亦如之經宿而歸則焚香再拜遠出經旬月以上則再拜焚香告云某將適某所敢告又再拜而行歸亦如之餘人亦然主婦主人之妻凡升降惟主人由阼階主婦及餘人雖尊長亦由西階○或問古者婦人以肅拜爲正何謂肅拜朱子曰兩膝齊跪手至地頭不下爲肅拜張子曰婦人之拜古者

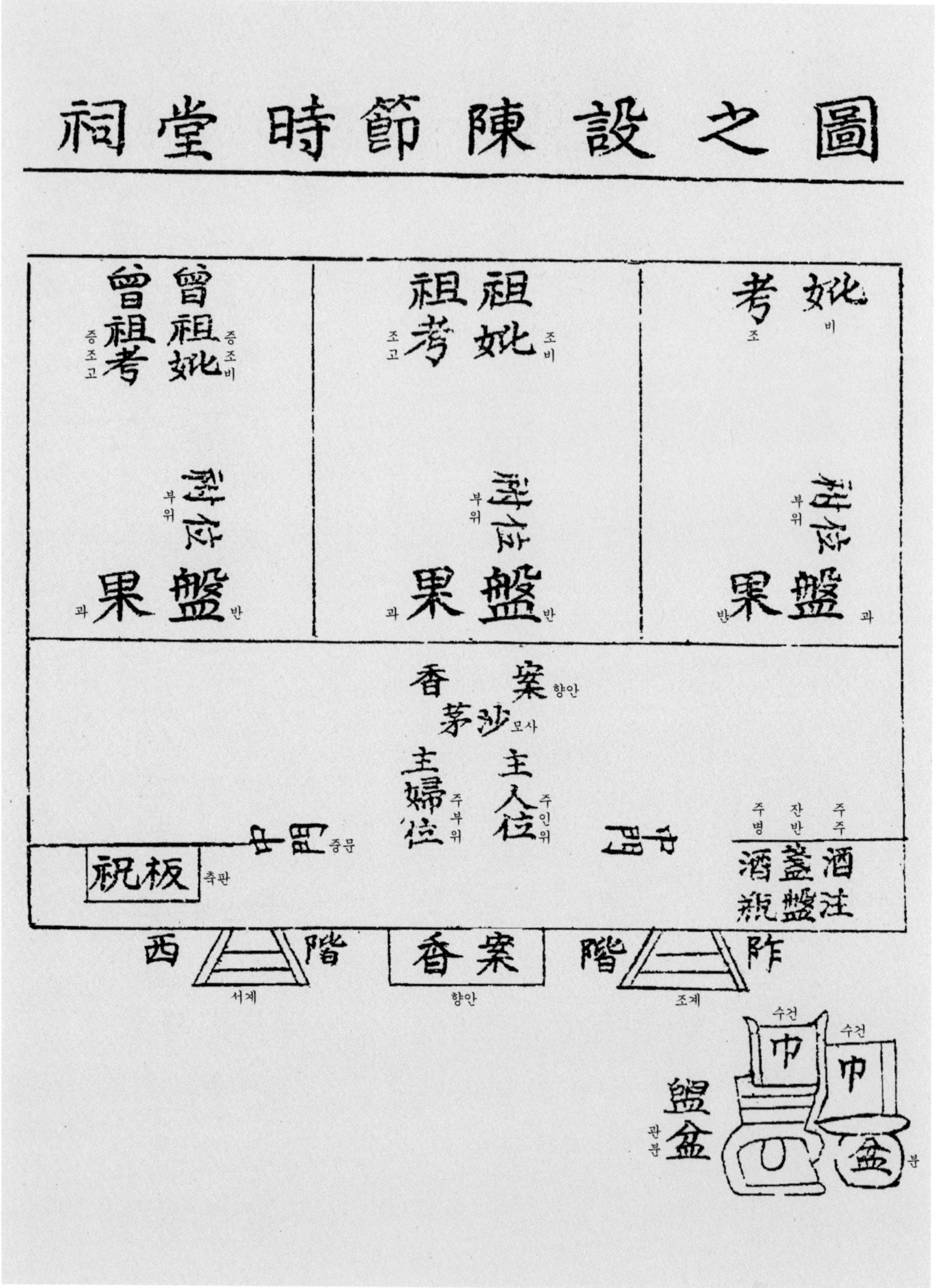
祠堂時節陳設之圖
曾祖考 증조고
曾祖妣 증조비
祖考 조고
祖妣 조비
考 조
妣 비
祔位 부위
祔位 부위
祔位 부위
果 과
盤 반
果 과
盤 반
盤 반
果 과
香案 향안
茅沙 모사
主婦位 주부위
主人位 주인위
中門 중문
中門
酒甁 주병
盞盤 잔반
酒注 주주
祝板 축판
西階 서계
香案 향안
阼階 조계
巾 수건
巾 수건
盥盆 관분
盆 분

◣

〈사당시절진설도〉

과반(果盤): 과일을 담는 쟁반. 신물(新物)이 있으면 쟁반에 담아 올린다.
축판(祝板): 축문을 읽을 때 얹어 놓는 판
주병(酒甁): 술병
잔반(盞盤): 잔과 받침대
주주(酒注): 술 주전자
관분(盥盆): 손 씻는 대야

〈사당 시절 진설도〉는 구준의 『가례의절』에서 인용하여, 독자들의 이해를 돕기 위해 『봉선잡의』의 내용에 맞게 재구성한 것이다.

출입할 적에 반드시 고한다
出入必告

주인과 주부는 가까운 데 외출하면 대문에 들어가서 첨례瞻禮(사당에 들어가지 않고 밖에서 읍하는 예)를 하고 간다. 돌아와서도 이와 같이 한다. 하룻밤을 자고 돌아올 예정이면 분향하고 재배한다. 멀리 나가 열흘 이상을 지낼 예정이면 재배하고 분향하고서, "아무개가 장차 아무 곳으로 가기에 감히 고합니다."라고 고하고, 또 재배하고 간다. 돌아와서도 이와 같이 한다. 나머지 사람들도 그렇게 한다.

主人主婦近出 則入大門瞻禮而行 歸亦如之 經宿而歸 則焚香再拜 遠出經旬月以上 則再拜焚香告 某將適某所敢告 又再拜而行 歸亦如之 餘人亦然

주부는 주인의 처를 말한다. 무릇 오르내릴 때 오직 주인만이 동쪽 계단을 이용하고, 주부와 나머지 사람들은 비록 존장尊長이라도 서쪽 계단을 이용한다.

主婦謂主人之妻 凡升降 惟主人由阼階 主婦及餘人 雖尊長 亦由西階

혹자가 물었다.

"옛날에 부인들은 숙배肅拜를 정식의 배례로 하였는데, 어떻게 하는 것을 숙배라고 합니까?"

주자가 말하였다.

"두 무릎을 가지런히 하여 꿇어앉아 손을 땅에 대고 머리는 숙이지 않는 것이 숙배이다. 장자張子는 '부인의 절은 옛날에 머리를 숙여 땅에 이르도록 하였으니 이것이 숙배이다.' 하였다. 지금은 다만 무릎을 굽히고 몸을 꼿꼿이 세운 채로 하니 그 뜻을 잃었다."

或問 古者 婦人以肅拜爲正 何謂肅拜 朱子曰 兩膝齊跪 手至地 頭不下 爲肅拜 張子曰 婦人之拜 古者低首至地 肅拜也 今但屈其膝 直其身 失其義也

主人謂宗子主祭者晨謁深衣焚香再拜有新物則薦以小盤啓櫝焚香再拜（司馬溫公影堂雜儀有時新之物則先薦于影堂）

出入必告

主人主婦近出則入大門瞻禮而行歸亦如之經宿而歸則焚香再拜遠出經旬月以上則再拜焚香告云某將適某所敢告又再拜而行歸亦如之餘人亦然（主婦主人之妻凡升降惟主人由阼階主婦及餘人雖尊長亦由西階○或問古者婦人以肅拜爲正何謂肅拜朱子曰兩膝齊跪手至地頭不下爲肅拜張子曰婦人之拜古者低首至地肅拜也今但屈其膝直其身失其義也）

정월초하루 · 동지 · 초하루 · 보름에 참알한다
正至朔望則參

하루 전날에 물 뿌리고 쓸고 재계齋戒하고 잔다. 그 이튿날 새벽에 일찍 일어나서 문을 열고 발簾을 걷는다. 감실龕室마다 채소와 과일을 큰 쟁반 하나에 담아 탁자 위에 진설한다. 신위마다 찻잔과 잔받침茶盞托, 술잔과 잔받침酒盞盤을 각기 하나씩 신주 독[16] 앞에 진설한다. 향탁 앞에 띠풀 묶음과 모래를 진설한다. 별도로 탁자 하나를 동쪽 계단 위에 설치하여 그 위에 술 주전자와 술잔과 잔받침 하나를 두고, 술병 하나를 그 서쪽에 둔다. 세숫대야와 수건 각각 두 개를 동쪽 계단 아래 동남쪽에 둔다.

前一日 灑掃齊宿 厥明夙興 開門軸簾 每龕設蔬果一大盤於卓上 每位茶盞托酒盞盤各一於神主櫝前 設束茅聚沙於香卓前 別設一卓於阼階上 置酒注盞盤一於其上 酒一瓶於其西 盥盆帨巾各二於阼階下東南

주인 이하의 사람들이 복장을 차려 입고 문으로 들어가 자리로 나아간다. 주인은 동쪽 계단 아래에서 북면하고, 주부는 서쪽 계단 아래에서 북면한다. 주인에게 어머니가 있으면 주부의 앞에 별도로 자리한다. 주인에게 제부諸父[17]와 제형諸兄[18]이 있으면 주인의 오른편 조금 앞에 겹줄로 별도로 자리하되 서쪽이 상석上席이다. 제모諸母[19]와 고모, 형수, 누나가 있으면 주부의 왼편 조금 앞에 겹줄로 별도로 자리하되 동쪽이 상석이다. 아우들은 주인의 오른편에서 조금 물러나 자리하고, 자손과 외집사는 주인 뒤에 겹줄로 서되 서쪽이 상석이다. 주인 아우의 처와

16 독(櫝): 신주를 덮어서 모셔두는 덮개의 일종.

17 제부(諸父): 아버지와 한 항렬의 당내(黨內) 친속.

18 제형(諸兄): 나와 같은 항렬의 여러 형들.

19 제모(諸母): 백모(伯母) 숙모(叔母) 등 어머니 항렬의 부인들.

누이들은 주부의 왼편에서 조금 물러나 자리하고, 자손 부녀와 내집사는 주부 뒤에 겹줄로 서되 동쪽이 상석이다.[20]

主人以下盛服 入門就位 主人北面於阼階下 主婦北面於西階下 主人有母 則特位於主婦之前 主人有諸父諸兄 則特位於主人之右少前 重行 西上 有諸母姑嫂姊 則特位主婦之左少前 重行 東上 諸弟在主人之右 少退 子孫外執事者 在主人之後 重行 西上 主人弟之妻及諸妹在主婦之左 少退 子孫婦女內執事者 在主婦之後 重行 東上

제자리에 서면 주인이 관세盥帨[21]하고 올라가 홀笏[22]을 꽂고搢 독을 열어 여러 고위考位의 신주를 받들어 독 앞에 두고, 주부가 관세하고 올라가 여러 비위妣位의 신주를 받들어 고考의 동쪽에 둔다. 다음으로 부주祔主[23]를 내가는데 또한 위와 같이 한다. 자제에게 명하여 관세하고 올라가 여러 부주 가운데 낮은 이를 나누어 내가게 한다.

立定 主人盥帨升 搢笏啓櫝 奉諸考神主 置於櫝前 主婦盥帨升 奉諸妣神主 置于考東 次出祔主亦如之 命子弟盥帨升 分出諸祔主之卑者

20 『국조오례의』에는 "주인의 절하는 자리를 동쪽 계단의 동남쪽에 설치하고 백숙형제의 절하는 자리는 그 동쪽에 설치하며, 제친(諸親)의 남자 절하는 자리는 그 위편에 정하는데, 모두 북향으로 하고 서쪽을 상위로 한다. 주부의 절하는 자리를 서쪽 계단의 서남쪽에 정하고, 제모(諸母)와 고수(姑嫂)의 절하는 자리를 그 서쪽에 정하며, 제친의 부녀자들 절하는 자리는 그 뒤편에 정하는데, 모두 북향하게 하고 동쪽을 상위로 한다."하여 그 말의 표현은 다르나 서립도(敍立圖)는 다르지 않다.

21 관세(盥帨): 관수세수(盥手帨手)의 준말로, 손을 씻고 수건으로 닦음.

22 홀(笏): 천자 이하 공, 경, 대부, 사가 조복을 입거나 제례 등을 올릴 때 손에 드는 것을 말한다.『예기』「옥조(玉藻)」에, 천자는 둥근 옥(球玉), 제후는 상아, 대부는 상어 수염 무늬의 대나무, 사는 대나무를 쓴다. 조선시대에는 4품 이상은 상아, 그 이하는 괴목(槐木)을 사용하였다.

23 부주(祔主): 부위(祔位)에 모셔진 신주.

位於主婦之左少前重行東上諸弟在主人之右
少退子孫外執事者在主人之後重行西上主人
弟之妻及諸妹在主婦之左少退子孫婦女內執
事者在主婦之後重行東上立定主人盥帨升搢
笏啓櫝奉諸考神主置於櫝前主婦盥帨升奉諸
妣神主置于考東次出祔主亦如之命子弟盥帨
升分出諸祔主之卑者皆畢執事者以盤奉魚肉
米糆食飯羹以進主人主婦以次奠于諸考妣位
前主婦以下先降復位主人詣香卓前降神搢笏
焚香執事者盥帨斟酒于盞詣主人之右主人受

低首至地爲拜也今但屈
其膝直其身失其義也

正至朔望則參

前一日灑掃齊宿厥明夙興開門軸簾每龕設蔬果一大盤於卓上每位茶盞托酒盞盤各一於神主櫝前設東茅聚沙於香卓前別設一卓於阼階上置酒注盞盤一於其上酒一瓶於其西盥盆帨巾各二於阼階下東南主人以下盛服入門就位主人北面於阼階下主婦北面於西階下主人有母則特位於主婦之前主人有諸父諸兄則特位於主人之右少前重行西上有諸母姑嫂姊則特

신주를 모두 내고 난 뒤, 집사자가 쟁반에 생선과 고기, 미식米食과 면식麪食, 밥과 국을 받들고 가서 주인과 주부에게 드리면, 차례대로 여러 고위·비위 앞에 올린다. 주부 이하는 먼저 내려와 자리로 돌아가고, 주인은 여러 향탁 앞에서 강신하고, 홀을 꽂고 분향한다. 집사자가 관세하고 주인의 오른쪽에서 잔에 술을 따른다. 주인이 잔 받침을 받아서 왼손으로 받침을 잡고 오른손으로 잔을 잡아 모사茅沙 위에 붓고, 잔 받침을 집사자에게 주고, 홀을 꺼내어 몸을 숙여 엎드렸다가 일어난다. 조금 물러나서 재배하고, 내려와 자리로 돌아와서 자리에 있는 사람들과 함께 모두 재배하여 참신한다.

皆畢 執事者以盤奉魚肉米麵食飯羹 以進主人主婦 以次奠于諸考妣位前 主婦以下先降復位 主人諸香卓前 降神 搢笏焚香 執事者盥帨 斟酒于盞諸主人之右 主人受盞盤 左執盤 右執盞 酹于茅上 以盞盤授執事者 出笏俛伏興 少退再拜 降復位 與在位者 皆再拜參神

주인이 올라가 홀을 꽂고 주전자를 잡아 술을 따르되 정위正位에 먼저하고 부위祔位에 다음으로 하며, 다음으로 장자長子에게 명하여 여러 부위의 낮은 이에게 술을 따르게 한다. 주부가 올라가 다선茶筅[24]을 잡으면 집사자가 탕병湯甁[25]을 잡고 뒤따라가서 전과 같이 점다點茶[26]한다. 장부長婦(큰며느리) 혹은 장녀에게 명하여 또한 똑같이 한다. 자식과 며느리와 집사자는 먼저 내려와 자리로 돌아온다. 주인이 홀을 꺼내고 주부와 더불어 향탁 앞에 동서로 나누어 서서 재배하고, 내려와 자리로 돌아와서 자리에 있는 사람들과 함께 모두 재배하여 사신辭神하고 물러난다.

主人升 搢笏執注斟酒 先正位 次祔位 次命長子 斟諸祔位之卑者 主婦升 執茶筅 執事者 執湯甁隨之 點茶如前 命長婦或長女 亦如之 子婦執事者 先降復位 主人出笏 與主婦分立於香卓之前東西 再拜 降復位 與在位者 皆再拜 辭神而退

24 다선(茶筅): 가루 차를 물에 넣어 풀때 쓰는 도구
25 탕병(湯甁): 끓인 물을 담은 병.
26 점다(點茶): 찻물을 찻잔에 따르는 행위이다.

보름에는 술을 진설하지 않고 주인이 차를 따른다. 장자長子가 돕다가 먼저 내려온다. 주인이 향탁의 남쪽에 서서 재배한다. 나머지는 위의 의식과 같다.

望日 不設酒 主人點茶 長子佐之 先降 主人立於香卓之南 再拜 餘如上儀

사마온공의 「영당잡의」에는 "매달 초하루에 차와 술과 평상시 음식 몇 가지를 마련한다. 보름에는 음식을 진설하지 않는다." 하였다.

司馬溫公影堂雜儀 月朔 具茶酒常食數品 望日不設食

무릇 성복盛服이라고 말하는 것은 관직이 있는 경우에는 공복公服에 띠帶와 홀笏을 갖추고, 공복이 없으면 흑단령黑團領[27]에 사모紗帽[28]와 품대品帶[29]를 갖추며, 벼슬이 없는 사람은 흑단령에 흑대黑帶를 갖추며, 부인은 대의大衣에 장군長裙[30]을 갖춘다.

凡言盛服者 有官 則公服帶笏 無公服 黑團領紗帽品帶 無官者 黑團領黑帶 婦人則大衣長裙

27 흑단령(黑團領): 둥글게 옷깃을 단 검은 옷.

28 사모(紗帽): 문무백관이 관복을 입을 때 갖추어 쓰던 검은 모자. 혼례 때에는 서민에게도 사모의 착용이 허용되었다. 사모는 뒤가 높고 앞이 낮은 2단 모정부(帽頂部)를 이루며, 뒷면에는 각(角)을 달고 있다. 겉면은 죽사(竹絲)와 말총으로 짜고 그 위를 사포(紗布)로 씌우는데, 사모라는 명칭은 여기서 유래된 것이다.

29 품대(品帶): 벼슬아치의 품계 및 옷에 따라 갖추어 두르는 띠.

30 장군(長裙): 옛날에 여자들이 입는 긴 치마로 부인들이 입었던 예복(禮服)이다.

之前東西再拜降復位與在位者皆再拜辭神而
退○望日不設酒主人點茶長子佐之先降主人
立於香卓之南再拜餘如上儀司馬溫公影堂雜儀月朔具茶酒常食數品望日不設食○凡言盛服者有官則公服帶笏無公服則黑團領紗帽品帶無官者黑團領黑帶婦人則大衣長裙

俗節則獻以時食
節如寒食端午中秋重陽之類凡鄉俗所尚者時
食凡其節之所尚者薦以大盤間以蔬果禮如正
至朔日之儀○朱子曰今日俗節古所無有故古
人雖不祭而情亦自安今人既以此爲重至於是

升分出諸祔主之卑者皆畢執事者以盤奉魚肉米麵食飯羹以進主人主婦以次奠于諸考妣位前主婦以下先降復位主人詣香卓前降神搢笏焚香執事者盥帨斟酒于盞詣主人之右主人受盞盤左執盤右執盞酹于茅上以盞盤授執事者出笏俛伏興少退再拜降復位與在位者皆再拜參神主人升搢笏執注斟酒先正位次祔位次命長子斟諸祔位之卑者主婦升執茶筅執事者執湯瓶隨之點茶如前命長婦或長女亦如之子婦執事者先降復位主人出笏與主婦分立於香卓

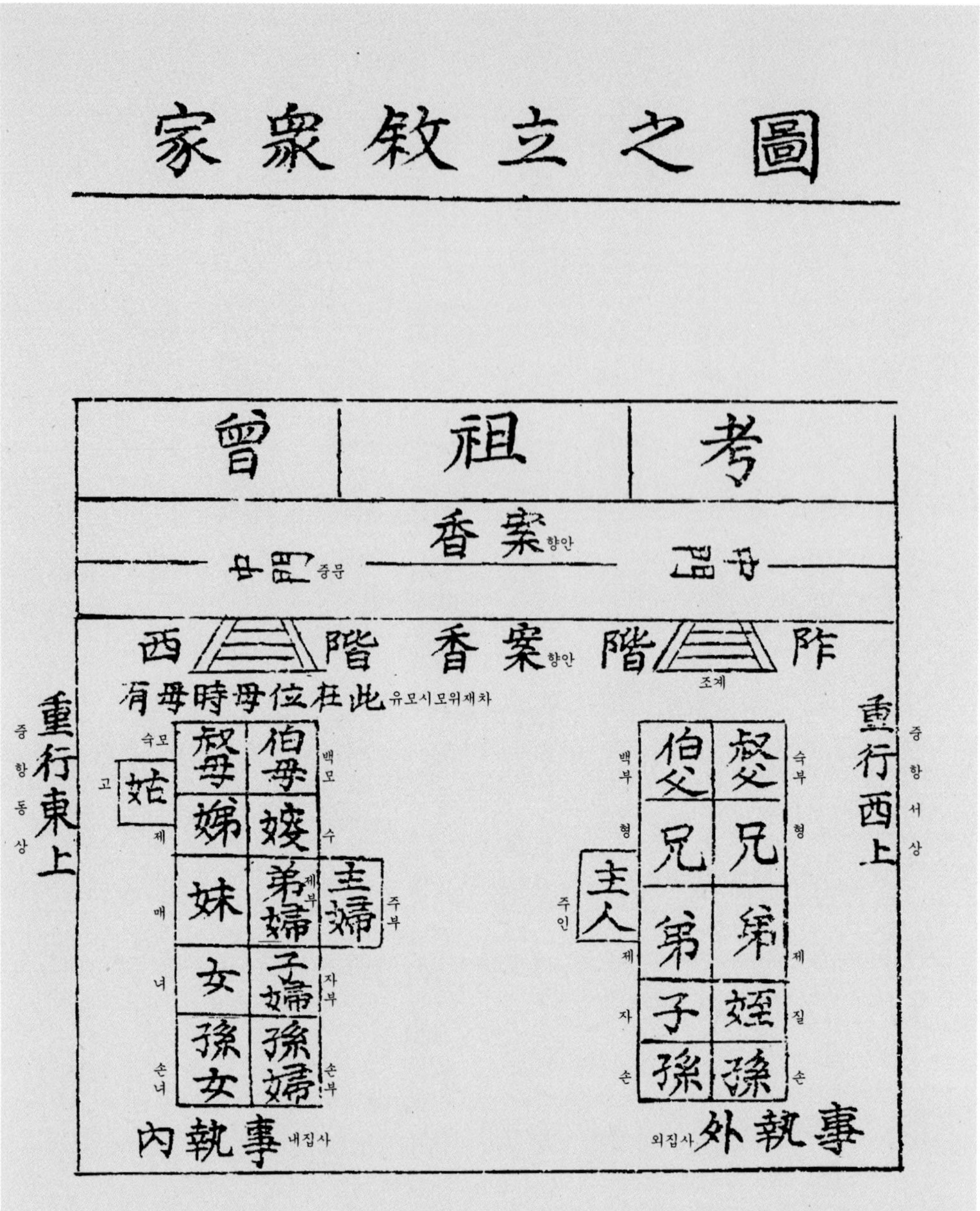

家衆敍立之圖
曾
祖
考
香案 향안
中門 중문
西階
香案 향안
阼階 조계
乳母時母位在此 유모시모위재차
重行東上 중항동상
重行西上 중항서상
叔母
伯母 백모
姑 고
娣 제
嫂 수
妹 매
弟婦 제부
主婦 주부
女 녀
子婦 자부
孫女 손녀
孫婦 손부
伯父 백부
叔父 숙부
兄 형
主人 주인
弟 제
子 자
姪 질
孫 손
內執事 내집사
外執事 외집사

〈가중서립도〉

유모시모위재차(有母時母位在此): 주인에게 어머니가 계실 때 어머니의 자리
중항동상(重行東上): 겹줄로 서되 동쪽이 상석이다
중항서상(重行西上): 겹줄로 서되 서쪽이 상석이다
내집사(內執事): 여자 집사
외집사(外執事): 남자 집사

〈가중서립도〉는 구준의 『가례의절』에서 인용하여, 독자들의 이해를 돕기 위해 『봉선잡의』의 내용에 맞게 재구성한 것이다.

시속명절에는 제철 음식을 올린다
俗節則獻以時食

명절은 한식 · 단오 · 중추 · 중양절 따위의 무릇 향속鄕俗에서 숭상하는 것이다. 무릇 그 절기에 숭상하는 것을, 큰 쟁반에 올리고 사이에 채소와 과일을 놓는다. 예禮는 정월 초하루와 동지, 초하루의 의식과 같다.

節如寒食端午中秋重陽之類 凡鄕俗所尙者 時食 凡其節之所尙者 薦以大盤 間以蔬果 禮如正至朔日之儀

주자가 말하였다.

"오늘날의 시속 명절은 옛날에 없었던 것이다. 그러므로 옛사람들은 비록 제사지내지 않아도 마음이 저절로 편안하였다. 요즘 사람들은 이미 이것을 중요하게 여겨서, 이 날이 되면 반드시 안주와 음식을 장만하여 서로 잔치를 열어 즐기는데, 그 절기의 음식물 역시 각기 적합함이 있다. 그러므로 세속의 인정은 이 날이 되면 그 할아버지와 아버지를 생각하지 않을 수 없어서, 다시 그 계절의 산물로 흠향하게 하는 것이다. 비록 예의 정도正道는 아니지만, 역시 인정상 그만둘 수 없는 일이다. 또한 옛사람들은 제사지내지 않으면 감히 잔치를 벌이지 않았다. 하물며 이제 이러한 시속명절에 이미 경전을 근거로 하여 제사를 폐하고, 살아있는 자들만 음식을 먹고 잔치를 열어 즐기며 시속을 그대로 따른다면, 죽은 사람 섬기기를 살아있는 사람 섬기는 것과 같이 하고, 없는 사람 섬기기를 있는 사람 섬기는 것과 같이 하는 뜻이 아니다."

朱子曰 今日俗節 古所無有 故古人雖不祭 而情亦自安 今人旣以此爲重 至於是日 必具殽羞相宴樂 而其節物亦各有宜 故世俗之情 至於是日 不能不思其祖考 而復以其物享之 雖非禮之正 然亦人情之不能已者 且古人不祭 則不敢以燕 況今於此俗節 旣已據經而廢祭 生者則飮食宴樂 隨俗自如 非事死如事生 事亡如事存之意也

【회재안설】 시속에서 정월초하루·한식·단오·추석에 모두 묘소에 가서 절하고 청소하므로 지금 폐할 수 없다. 이날 새벽에 사당에 가서 음식을 올린 뒤 묘소 앞에 나아가 전奠을 올리고 절을 한다. 만약 묘소가 멀다면 2~3일 전에 묘소에 가서 재계하고 잠을 잔 뒤에 전을 올리고 절을 하는 것도 괜찮다.

按 世俗 正朝寒食端午秋夕 皆詣墓拜掃 今不可偏廢 是日 晨詣祠堂薦食 仍詣墓前奠拜 若墓遠則前二三日 詣墓所 齊宿奠拜 亦可

生者則飮食宴樂隨俗自如非事死如事生事亾如事存之意也
按世俗正朝寒食端午秋夕皆詣墓拜掃今不可偏廢是日晨詣祠堂薦食仍詣墓前奠拜若墓遠則前期三日詣墓所齊宿奠拜亦可

有事則告

如正至朔日之儀但獻茶酒再拜訖主婦先降復位主人跪於香卓之南祝執版跪於主人之左讀之畢興主人再拜降復位餘並同

告授官祝版云維年歲月朔日孝子某官某敢昭告于故某親某官封謚府君故某親某封某氏某以某月某日蒙恩授某官奉承先訓獲霑祿位餘慶所及不勝感慕謹以酒果用伸虔告謹告貶降則言貶某官荒墜先訓皇恐無地謹以後同若弟子則言其之某某餘同○告追贈則止告所贈之龕別設香卓於龕前又設一卓

黑帶婦人則大衣長裙

俗節則獻以時食

節如寒食端午中秋重陽之類凡鄉俗所尚者時食凡其節之所尚者薦以大盤間以蔬果禮如正至朔日之儀○朱子曰今日俗節古所無有故古人雖不祭而情亦自安今人既以此爲重至於是日必具殽羞相宴樂而其節物亦各有宜故世俗之情至於是日不能不思其祖考而復以其物享之雖非禮之正然亦人情之不能已者且古人不祭則不敢以燕況今於此俗節既已據經而廢祭

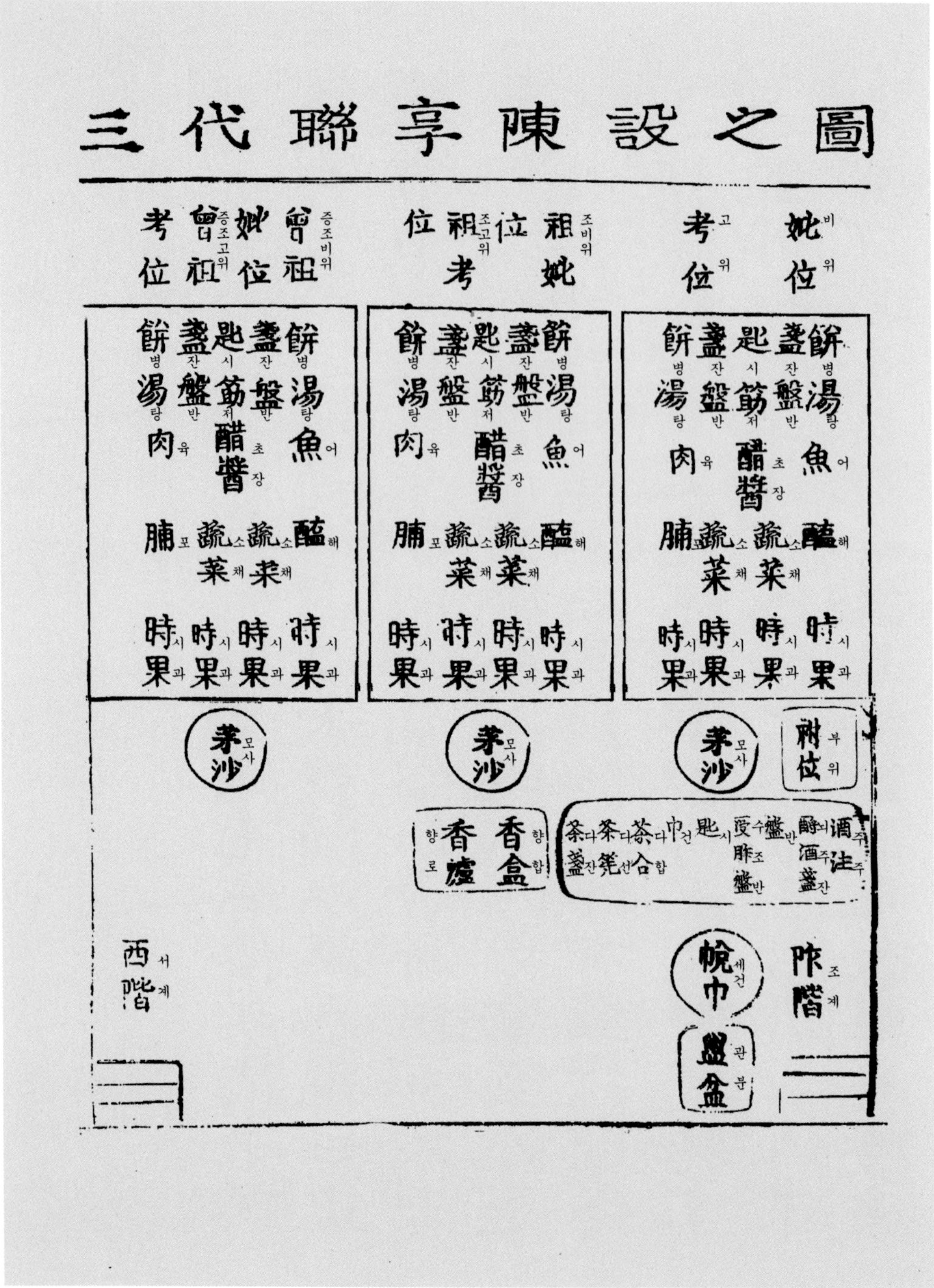
三代聯享陳設之圖
曾祖考位 증조고위
曾祖妣位 증조비위
祖考位 조고위
祖妣位 조비위
考位 고위
妣位 비위
餠 병 盞 잔 匙 시 盞 잔 餠 병
湯 탕 盤 반 筯 저 盤 반 湯 탕
肉 육 醋醬 초장 魚 어
脯 포 蔬菜 소채 蔬菜 소채 醢 해
時果 시과 時果 시과 時果 시과 時果 시과
茅沙 모사
祔位 부위
香爐 향로 香盒 향합
茶盞 다잔 茶筅 다선 茶合 다합 巾 건 匙 시 受胙盤 수조반 酹酒盞 뇌주잔 酒注 주주
西階 서계
帨巾 세건
阼階 조계
盥盆 관분

◣

〈삼대연향진설도〉(명절에 부모, 조부모, 증조부모 3대를 함께 제사 지낼 때 상차림)

해(醢): 육장
시과(時果): 그 계절에 난 과일

〈삼대연향진설도〉는 俛宇 郭鍾錫의 『六禮笏記』에서 인용하여, 『봉선잡의』의 내용에 맞게 재구성한 것이다.

일이 있으면 고한다
有事則告

정월초하루 · 동지 · 초하루의 의식처럼 하되, 다만 차와 술만 올리고 재배한다.[1] 끝나면 주부가 먼저 내려와 제자리로 돌아간다. 주인이 향탁의 남쪽에 꿇어앉고, 축祝이 축판祝版을 잡고서 주인의 왼쪽에 꿇어앉아 축을 읽고, 다 읽으면 일어난다. 주인이 재배하고 내려와 제자리로 돌아간다. 나머지는 모두 같다.

如正至朔日之儀 但獻茶酒 再拜 訖主婦先降復位 主人跪於香卓之南 祝執版 跪於主人之左讀之畢興 主人再拜 降復位 餘並同

벼슬 받은 것을 고할 적에 축판의 내용은 다음과 같다.

"유년 세월 삭일에 효자 모관某官 아무개는 감히敢 고故 모친某親 모관某官 봉封 시諡 부군府君과 고故 모친 모봉某封 모씨에게 밝게 고합니다. 아무개가 모월 모일에 성은을 입어 아무 관직에 제수받는 은혜를 입었습니다. 선대의 교훈을 받들어 계승하여 녹과 지위를 얻었사오니, 남긴 음덕이 파급된 것이라, 감동하여 추모함을 이기지 못하고, 삼가 술과 과일로 경건하게 고하나이다. 삼가 고합니다."

좌천되었으면 "아무 관직으로 좌천된 것은 선대의 교훈을 함부로 떨어뜨린지라 황공하여 몸 둘 곳을 모르겠습니다."라고 하고, '삼가謹' 이후는 같게 한다. 만약 아우나 아들이라면 곧 '아무개의 모친 아무개'라고 말하고 나머지는 같다.

告授官 祝版云 維年歲月朔日 孝子某官某 敢昭告于故某親某官封諡府君故某親某封某氏 某以某月某日 蒙恩授某官 奉承先訓 獲霑祿位 餘慶所及 不勝感慕 謹以酒果 用伸虔告 謹告 貶降則言 貶某官荒墜先訓 皇恐無地 謹以後同 若弟子則言 某之某親某 餘同

1 『국조오례의』에는 "…감실마다 과실 1반(盤)과 잔(盞) 둘씩을 진설하고, 주가(酒架)와 향안(香案)과 관세(盥洗)를 설치하는 것을 시향(時享)의 의식과 같이 한다.…주인이 올라와서 향안 앞에 나아가 꿇어앉아 세 번 향을 올린다."하여 향을 세 번 올리고 과실을 올린다는 것에서 차이를 보인다.

추증을 고할 때는 단지 추증된 감실에만 고한다. 별도로 향탁을 감실 앞에 설치하고, 또 탁자 하나를 그 동쪽에 설치하여 맑은 물·백분·잔·솔·벼루·먹·붓을 그 위에 둔다. 나머지는 모두 같다. 다만 축판의 내용은 다음과 같다. "모월 모일에 교서를 받드니 고 모친에게 모관, 고 모친에게 모봉을 추증하셨습니다. 모는 선대의 교훈을 받들어 계승하여 외람되이 조정에서 벼슬하며, 공경히 은혜로운 경사를 받자와 이러한 포증이 있었습니다. 녹으로 미처 봉양하지 못하여 안타깝고 목이 메임을 견딜 수 없었습니다." '삼가' 이후는 같다. 만약 일로 인한 특별한 추증이면 별도로 축문을 만들어 그 뜻을 서술한다.

告追贈 則止告所贈之龕 別設香卓於龕前 又設一卓於其東 置淨水粉盞刷子硯墨筆於其上 餘並同 但祝版云 奉某月某日敎書 贈故某親某官 故某親某封 某奉承先訓 竊位于朝 祗奉恩慶 有此褒贈 祿不及養 摧咽難勝 謹以後同 若因事特贈 則別爲文 以敘其意

고사를 마치면 재배한다. 주인이 나아가 신주를 받들어 탁자 위에 두고, 집사자가 예전 글자를 씻어 없애고 따로 백분을 발라 마르기를 기다렸다가 글씨를 잘 쓰는 사람에게 명하여 추증된 관직과 봉작封爵으로 고쳐 쓴다. 함중陷中[2]은 고치지 않는다. 글자를 씻은 물은 사당의 네 벽에 뿌린다. 주인이 신주를 받들어 있던 곳에 두고 내려와 자리로 돌아간다. 이후는 같다.

告畢再拜 主人進奉主置卓上 執事者 洗去舊字 別塗以粉 俟乾命善書者 改題所贈官封 陷中不改 洗水以灑祠堂之四壁 主人奉主置故處 乃降復位 後同

관례나 혼례 및 적장자를 낳았을 적에 고하는 예가 모두 있으니, 『가례』에 상세히 보인다.

冠婚及生嫡長子 皆有告禮 詳見家禮

고사하는 축은 여러 고위·비위를 한 판에 함께 쓴다. 자칭自稱은 그 중 가장 높은 분을 기준으로 한다. 단지 정위에만 고하고 부위에는 고하지 않으며, 차와 술은 다 진설한다.

告事之祝 諸考妣位共爲一版 自稱 以其最尊者爲主 止告正位 不告祔位 茶酒則並設之

2 함중(陷中): 신주의 뒤쪽 몸체 안쪽에 길게 파 놓은 홈. 홈 안에 망자의 신분을 나타내는 칭호를 쓴다.

於其桌置淨水粉盞刷子硯墨筆於其上餘並同
但祝版云奉某月某日敎書贈故某親某官故某
親某封某奉承先訓竊位于朝祇奉恩慶有此褒
贈祿不及養摧咽難勝謹以後同若因事特贈則
別爲文以叙其意告畢再拜主人進奉主置卓上
執事者洗去舊字別塗以粉俟乾命善書者改題
所贈官封陷中不改洗水以灑祠堂之四壁主人
奉主置故處乃降復位後同○冠婚及生嫡長子
皆有告禮詳見家禮○告事之祝諸考妣位共爲
一版自稱以其最尊者爲主止告正位不告祔位
茶酒則
幷設之

或有水火盜賊則先救祠堂遷神主遺書次及祭器

然後及家財易世則改題主而遞遷之

按家禮大宗之家始祖親盡則藏其主於墓所而

大宗猶主其墓田以奉其墓祭歲率宗人一祭之

生者則飮食宴樂隨俗自如非事死如事生事亡

如事存之意也 按世俗正朝寒食端午秋夕皆詣墓拜掃今不可偏廢是日晨詣祠堂薦食仍詣墓前奠拜若墓遠則前亦三日詣墓所齋宿奠拜亦可

有事則告

如正至朔日之儀但獻茶酒再拜訖主婦先降復位主人跪於香卓之南祝執版跪於主人之左讀之畢興主人再拜降復位餘並同 告授官祝版云維年歲月朔日孝子某官某敢昭告于故某親某官封謚府君故某親某封某氏某以某月某日蒙恩授某官奉承先訓獲霑祿位餘慶所及不勝感慕謹以酒果用伸虔告謹告貶降則言貶某官荒墜先訓皇恐無地謹以後同若弟子則言某之某某餘同○告追贈則止告所贈之龕別設香卓於龕前又設一卓

혹 홍수나 화재, 도적이 있으면 먼저 사당을 구하고,
신주와 유서를 옮기며, 그 다음에 제기를 옮긴다.
그런 뒤에 집안의 재물을 옮긴다.
세대가 바뀌면 신주를 개제하고 체천[3]한다

或 有水火盜賊 則先救祠堂 遷神主遺書 次及祭器 然後及家財 易世則改題主而遞遷之

【회재안설】『가례』에는 대종大宗의 집안에서 시조始祖의 친분이 다하면 곧 그 신주를 묘소에 보관하고, 대종이 그대로 그 묘전墓田[4]을 주관하여 묘제墓祭를 받든다. 해마다 종인宗人들을 거느리고 한 번 제사지내되, 백세토록 바꾸지 않는다. 그중 제 2세 이하의 조상으로 친분이 다하거나, 소종의 집안에서 고조의 친분이 다하면, 그 신주를 옮겨 묻는다. 그 묘전은 제위諸位[5]가 번갈아 가며 관장하고 해마다 그 자손을 거느리고 한 번 제사지내되, 또한 백세토록 바꾸지 않는다.

按 家禮大宗之家 始祖親盡 則藏其主於墓所 而大宗猶主其墓田 以奉其墓祭 歲率宗人 一祭之 百世不改 其第二世以下祖親盡及小宗之家高祖親盡 則遷其主而埋之 其墓田則諸位迭掌而歲率其子孫 一祭之 亦百世不改也

양복楊復이 말하였다.

"『가례』에는 '시조가 친분이 다하면 그 신주를 묘소에 보관한다.'고 하였는데, 「상례喪禮」 '대상大祥' 장에서도 '만약 친분이 다한 조상이 별자別子라면 축판에 이러이러하다 말하고, 다 고한 다음에 묘소로 옮겨가되 묻지는 않는다.'고 하였다. 무릇 그 신주를 묘소에 보관하되 묻지 않는다면, 묘소에 필시 사

3 체천(遞遷): 대가 바뀌어 제사를 받들어 모시는 신주의 위치를 옮기는 절차이다.
4 묘전(墓田): 사당에서 체천된 이후, 묘소에서 지내는 제사 비용을 염출할 종토를 말한다.
5 제위(諸位): 장방(長房)과 차방(次房)을 가리킨다.

茶酒則幷設之

或有水火盜賊則先救祠堂遷神主遺書次及祭器然後及家財易世則改題主而遞遷之

▶按家禮大宗之家始祖親盡則藏其主於墓所而大宗猶主其墓田以奉其墓祭歲率宗人一祭之百世不改其第二世以下祖親盡及小宗之家高祖親盡則遷其主而埋之其墓田則諸位迭掌而歲率其子孫一祭之亦百世不改也楊氏曰家禮始祖親盡則藏其主於墓所喪禮大祥章亦云若有親盡之祖而其別子也則祝版云云告畢而遷于墓所不埋夫藏其主於墓所而不埋則墓所必有祠堂以奉墓祭

당을 두어 묘제를 받드는 것이다."

楊氏曰 家禮 始祖親盡 則藏其主於墓所 喪禮大祥章亦云 若有親盡之祖 而其別子也 則祝版云云 告畢 而遷于墓所 不埋 夫藏其主於墓所 而不埋 則墓所必有祠堂 以奉墓祭

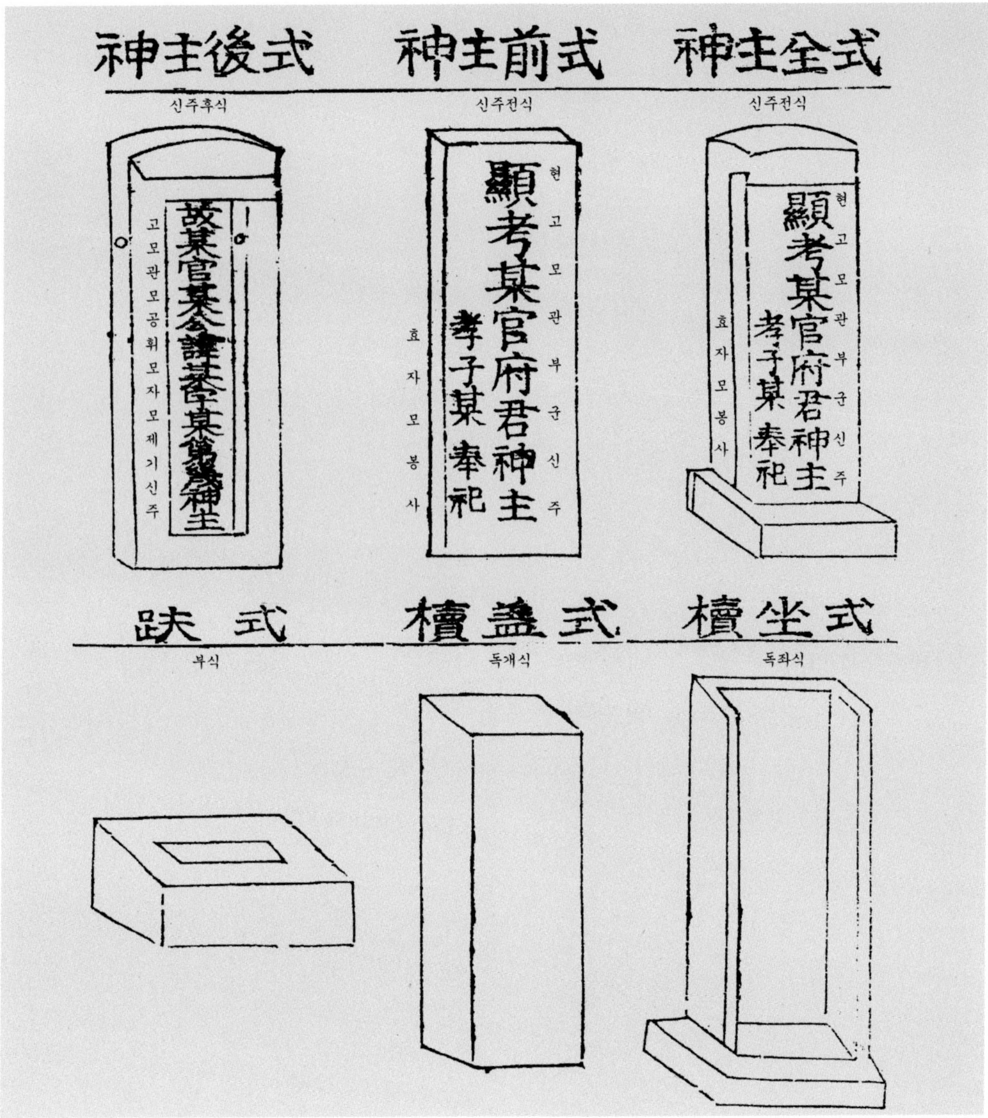

〈신주도〉

부(趺) : 신주의 밑받침.
독개(櫝盖): 신주 덮개
독좌(櫝坐) : 신주를 앉히는 곳

〈신주도〉는 沙溪 金長生의 『家禮輯覽』에서 인용하여, 재구성한 것이다.

사시제
四時祭

증조를 계승한 종자宗子는 증조 이하 고비考妣를 제사지낸다. 조부를 계승한 종자는 조부 이하 고비를 제사지낸다. 아버지를 계승한 종자는 고비 두 위位만 제사지낼 뿐이다.

繼曾祖之宗 則祭曾祖以下考妣 繼祖之宗 則祭祖以下考妣 繼禰之宗 則祭考妣二位而已

혹자가 물었다.

"예경에는 '대부 3묘'라 하였는데, 지금 사서인의 집에서 또한 3대를 제사지내는 것은 예에 어긋납니다."

주자가 말하였다.

"비록 3대를 제사지내더라도 묘廟가 없으면, 분에 넘친다고 말할 수 없다."

或問 禮大夫三廟 今士庶人家 亦祭三代 却是違禮 朱子曰 雖祭三代 却無廟 亦不可謂之僭

百世不改其第二世以下祖親盡及小宗之家高
祖親盡則遷其主而埋之其墓田則諸位迭掌而
歲率其子孫一祭之亦百世不改也 楊氏曰家禮始祖親盡則
藏其主於墓所喪禮大祥章亦云若有親盡之祖
而其別子也則祝版云云告畢而遷于墓所不埋
夫藏其主於墓所而不埋則
墓所必有祠堂以奉墓祭

四時祭

繼曾祖之宗則祭曾祖以下考妣繼祖之宗
則祭祖以下考妣繼禰之宗則祭考妣二位
而已○或問禮大夫三廟今士庶人家亦祭
三代却是違禮朱子曰雖祭三代却無廟亦
不可謂
之僭

時祭用仲月前旬卜日 擇仲月三旬各一日或丁或亥詣祠堂卜之其禮詳見家

시제는 중월仲月에 지내고, 열흘 전에 날을 잡는다

時祭用仲月 前旬卜日

중월[6]의 삼순三旬 가운데 각기 하루를 택하되, 혹 정일丁日이나 해일亥日 중에서 선택한다. 사당에 가서 점을 치는데, 그 예는 『가례』에 상세히 보인다.

擇仲月三旬各一日 或丁或亥 詣祠堂卜之 其禮 詳見家禮

『정씨사선의程氏祀先儀』주註에는 "제사의 기일은 중월 안의 날을 잡는데, 혹 춘분이나 추분, 동지나 하지로 하는 것도 괜찮다." 하였다.

程氏祀先儀註 祭祀日期 就仲月內選日 或用春分夏至秋分冬至亦可

【회재안설】『가례』의 날을 점치는 의식은, 상순과 중순의 날짜가 불길하면 곧장 하순의 날을 사용하여 사당에 고한다. 만약 이 날에 혹 질병이나 사고가 있어서 제사지내지 못하면 제사를 제때에 지내지 못할 우려가 있다. 이제 『정씨사선의』 주석에 근거하여 날을 잡아서 제사를 행하되, 혹 춘분과 추분, 하지와 동지를 사용함이 편하다.

按 家禮卜日之儀 上旬中旬之日不吉 則直用下旬之日 告于祠堂 若至於是日 或有疾病事故 而不得行祭 則不能無祭不及時之慮 今依程氏儀註 擇日行之 或用二分二至爲便

6 중월(仲月): 2월, 5월, 8월, 11월을 말한다.

時祭用仲月前旬卜日擇仲月三旬各一日或丁或亥詣祠堂卜之其禮詳見家禮○程氏祀先儀註祭祀日期統仲月內選日或用春分夏至秋分冬至亦可

按家禮卜日之儀上旬中旬之日不吉則直用下旬之日告于祠堂若至於是日或有疾病事故而不得行祭則不能無祭不及時之慮今依程氏儀註擇日行之或用二分二至爲便

前期三日齊戒前期三日主人帥衆丈夫致齊于外主婦帥衆婦女致齊于內沐浴更衣飮酒不得至亂食肉不得茹葷不弔喪不聽樂凡凶穢之事皆不得預○程氏祭禮散齊二日致齊一日

祭義云齊之日思其居處思其笑語思其志意思其所樂思其所嗜齊三日乃見其所爲齊者專致思於祭祀也○程子曰此孝子平日思親之心非齊也齊不容有思有思非齊齊者湛然純一方能

기일 사흘 전부터 재계한다

前期三日齊戒

기일 사흘 전에 주인은 장부丈夫들을 거느리고 밖에서 치재致齊하고, 주부는 부녀婦女들을 거느리고 안에서 치재한다.[7] 목욕하고 옷을 갈아입으며, 술을 마시더라도 심신이 어지러울 정도에 이르지 않도록 하고, 고기를 먹되 냄새나는 채소는 먹지 않으며, 상사에 조문하지 않고, 음악을 듣지 않는다. 무릇 흉하고 더러운 일에는 모두 참여하지 않는다.

前期三日 主人帥衆丈夫 致齊于外 主婦帥衆婦女 致齊于內 沐浴更衣 飮酒不得至亂 食肉不得茹葷 不弔喪 不聽樂 凡凶穢之事 皆不得預

『정씨제례程氏祭禮』에는 산재 2일, 치재 1일이라고 하였다.

程氏祭禮 散齊二日 致齊一日

「제의祭儀」에서 말하였다.

"재계하는 날에는 그 분이 거처하던 것을 생각하고, 그 분이 웃고 말하던 것을 생각하며, 그 분이 뜻하던 것을 생각하며, 그 분이 즐거워하던 것을 생각하며, 그 분이 좋아하던 것을 생각하여 재계한 3일째에 재계하는 대상이 보인다는 것은, 오로지 제사에 생각을 다했기 때문이다."

祭儀云 齊之日 思其居處 思其笑語 思其志意 思其所樂 思其所嗜 齊三日 乃見其所以爲齊者 專致思於祭祀也

7 『국조오례의』에는 "주인 이하 응당 제사에 참여할 자는 2일 동안 산재(散齊)하고 1일 동안 치재(致齊)한다."고 했다.

정자가 말하였다.

“이는 효자가 평일에 어버이를 생각하는 마음이지 재계가 아니다. 재계에는 생각이 있는 것을 용납하지 않는다. 생각이 있으면 재계가 아니다. 재계하는 자는 담담히 순일하게 해야 바야흐로 귀신과 접할 수 있다.”

程子曰 此孝子平日思親之心 非齊也 齊不容有思 有思非齊 齊者 湛然純一 方能與鬼神接

【회재안설】 정자의 설은 「제의」의 뜻과 다른 것이 있다. 대개 효자가 평일에 어버이를 생각하는 마음은 참으로 지극하지 않음이 없지만, 제사지내려고 함에 재계하는 것은 그 추모하는 마음이 더욱 절실해서이니, 어찌 그 거처와 말과 웃음과 뜻과 좋아하던 것과 즐기던 것을 생각하지 않겠는가? 그러나 이는 산재하는 날에 하는 것이다. 치재하는 날이 되면 담담히 순일하게 하여 오로지 그 정밀하고 밝은 덕을 극진히 해야 신명神明과 접할 수 있다.

按 程子之論 有異於「祭義」之意 蓋孝子平日思親之心 固無所不至 至於將祭而齊 其追慕之心益切 安得不思其居處言笑志意樂嗜乎 然此乃散齊之日所爲也 至於致齊日 則湛然純一 專致其精明之德 乃可交於神明

按程子之論有異於祭義之意蓋孝子平日思
親之心固無所不至至於將祭而齊其進慕之
心益切安得不思其居處言笑志意樂嗜乎然
此乃散齊之日所爲也至於致齊日則湛然純
一專致其精明之
德乃可交於神明

前一日設位陳器

主人帥衆丈夫深衣及執事灑掃正寢洗拭倚卓務令蠲潔設曾祖考妣位於堂西北壁下南向考西妣東各用一倚卓而合之祖考妣考妣以次而東皆如曾祖之位世各爲位不屬祔位皆於東序西向北上或兩序相向其尊者居西設香案於堂中置香爐香合於其上束茅聚沙於香案前及逐位前地上設酒架於東階別置卓子於其東設酒注一酹酒盞盤一受胙盤一匕一巾一茶合茶筅盞托鹽楪醋瓶於其上火爐湯瓶香匙火筯於西階上別置卓子於其西設祝版於其上設盥盆帨巾各二於阼階下之東其西者有臺架又設陳饌大牀于其東

省牲滌器具饌

主人帥衆丈夫深衣省牲莅殺主婦帥衆婦女滌濯祭器潔釜鼎具祭饌每位果六品蔬菜及脯醢各三品魚肉米麪食各一器羹

時祭用仲月前旬卜日擇仲月三旬各一日或丁或亥詣祠堂卜之其禮詳見家禮○程氏祀先儀註祭祀日期就仲月內選日或用春分夏至秋分冬至亦可

按家禮卜日之儀上旬中旬之日不吉則直用下旬之日告于祠堂若至於是日或有疾病事故而不得行祭則不能無祭不及時之慮今依程氏儀註擇日行之或用二分二至爲便

前期三日齊戒前期三日主人帥衆丈夫致齊于外主婦帥衆婦女致齊于內沐浴更衣飲酒不得至亂食肉不得茹葷不弔喪不聽樂凡凶穢之事皆不得預○程氏祭禮散齊二日致齊一日

祭義云齊之日思其居處思其笑語思其志意思其所樂思其所嗜齊三日乃見其所爲齊者專致思於祭祀也○程子曰此孝子平日思親之心非齊也齊不容有思有思非齊齊者湛然純一方能

하루 전날 신위를 설치하고 기물을 진설한다

前一日設位陳器

주인은 여러 장부를 거느리고 심의深衣를 입고서 집사와 함께 정침正寢을 청소하며 의자와 탁자를 깨끗이 씻고 닦아 정결하게 한다. 증조고비의 신위를 당의 서편 북쪽 벽 아래에서 남향하도록 진설하는데, 고考는 서쪽이요 비妣는 동쪽이다. 각각 의자와 탁자 하나씩을 사용하여 합친다. 조고비 · 고비가 차례로 동쪽에 자리하여 모두 증조의 신위와 같이 하되, 세대마다 각각 자리를 만들어 한 데 이어붙이지 않는다. 부위는 모두 동쪽 서序에서 서향하되 북쪽을 상석으로 한다. 혹은 양쪽 서序에서 서로 마주하기도 하는데, 존자를 서쪽에 둔다. 향안을 당 가운데에 설치하고, 향로와 향합을 그 위에 놓는다. 띠풀 묶음과 모래 모둠을 향안 앞 및 매 신위 앞의 바닥 위에 놓는다. 술시렁酒架을 동쪽 계단 위에 진설하고, 별도로 탁자를 그 동쪽에 놓고서 술 주전자 하나 · 뇌주잔酹酒盞 · 쟁반 하나 · 수조반受胙盤 하나 · 숟가락 하나 · 수건 하나 · 다합茶合 · 찻잔을 그 위에 놓는다. 화로 · 탕병 · 향시 · 부젓가락을 서쪽 계단 위에 놓는다. 별도로 탁자를 그 서쪽에 놓고, 축판을 그 위에 진설한다. 손 씻는 동이와 수건 각각 두 개를 조계 아래의 동쪽에 진설한다. 또 음식을 진설할 큰 상을 그 동쪽에 놓는다.

主人帥衆丈夫深衣 及執事洒掃正寢 洗拭倚卓 務令蠲潔 設曾祖考妣位於堂西北壁下南向 考西妣東 各用一倚一卓而合之 祖考妣考妣以次而東 皆如曾祖之位 世各爲位不屬 祔位皆於東序西向北上 或兩序相向 其尊者居西 設香案於堂中 置香爐香合於其上 束茅聚沙 於香案前及逐位前地上 設酒架於東階上 別置卓子於其東 設酒注一 酹酒盞 盤一 受胙盤一 匕一 巾一 茶合茶盞於其上 火爐湯瓶香匙火筯於西階上 別置卓子於其西 設祝版於其上 設盥盆帨巾各二於阼階下之東 又設陳饌大牀于其東

按程子之論有異於祭義之意盖孝子平日思
親之心固無所不至至於將祭而齊其追慕之
心益切安得不思其居處言笑志意樂嗜乎然
此乃散齊之日所爲也至於致齊日則湛然純
一專致其精明之
德乃可交於神明

前一日設位陳器 主人帥衆丈夫深衣及執事灑掃
正寢洗拭倚卓務令蠲潔設曾祖
考妣位於堂西北壁下南向考西妣東各用一倚一
卓而合之祖考妣考妣以次而東皆如曾祖之位世
各爲位不屬祔位皆於東序西向北上或兩序相向
其尊者居西設香案於堂中置香爐香合於其上束
茅聚沙於香案前及逐位前地上設酒架於東階上
別置卓子於其東設酒注一酹酒盞盤一受胙盤一上
七一巾一茶合茶盞於其上火爐湯瓶香匙火筯於
西階上別置卓子於其西設祝版於其上設盥盆帨
巾各二於阼階下之東
又設陳饌大牀于其東

省牲滌器具饌 主人帥衆丈夫深衣省牲
蒞殺主婦帥衆婦女滌濯祭器潔釜鼎具祭饌每位
果六品蔬菜及脯醢各三品魚肉米麪食各一器羹

희생을 살피고 그릇을 닦고 음식을 갖춘다

省牲滌器具饌

주인은 여러 장부를 거느리고 심의를 입고서 희생을 살피고 죽이는 일에 임한다. 주부는 여러 부녀를 거느리고서 제기를 씻고 솥을 깨끗이 하고 제찬祭饌을 갖춘다. 신위마다 과일 6가지와 채소 및 포脯와 육장醢 각각 3가지, 생선과 고기, 미식과 면식 각 한 그릇, 갱과 반 각각 한 주발, 간肝 각각 한 꼬치, 구운 고기 두 꼬치를 마련하되 정결하도록 힘쓴다. 제사지내기 전에는 사람들이 먼저 먹거나 고양이 · 개 · 벌레 · 쥐가 더럽히지 않도록 한다.

主人帥衆丈夫深衣 省牲莅殺 主婦 帥衆婦女 滌濯祭器 潔釜鼎具祭饌 每位果六品 蔬菜及脯醢各三品 肉魚米麪食各一器 羹飯各一椀 肝各一串 肉各二串 務令精潔 未祭之前 勿令人先食及爲猫犬蟲鼠所汚也

心益切安得不思其居處言笑志意樂嗜乎然
此乃散齊之日所爲也至於致齊日則湛然純
一專致其精明之
德乃可交於神明

前一日設位陳器

主人帥衆丈夫深衣及執事灑掃
正寢洗拭倚卓務令蠲潔設曾祖
考妣位於堂西北壁下南向考西妣東各用一倚一
卓而合之祖考妣考妣以次而東皆如曾祖之位世一
各爲位不屬祔位皆於東序西向北上或兩序相向
其尊者居西設香案於堂中置香爐香合於其上束
茅聚沙於香案前及逐位前地上設酒架於東階上
別置卓子於其東設酒注一酹酒盞盤一受胙盤一上
匕一巾一茶合茶盞於其上火爐湯瓶香匙火筯於
西階上別置卓子於其西設祝版於其上設盥盆帨
巾各二於阼階下之東
又設陳饌大牀于其東

省牲滌器具饌

主人帥衆丈
夫深衣省牲
莅殺主婦帥衆婦女滌濯祭器潔釜鼎具祭饌每位
果六品蔬菜及脯醢各三品魚肉米麪食各一器羹
飯各一楪肝各一串肉各二串務令精潔未
祭之前勿令人先食及爲猫犬蟲鼠所汚也

그 다음날 일찍 일어나 채소 · 과일 · 술 · 음식을 진설한다

厥明夙興 設蔬果酒饌

주인 이하는 심의를 입고 집사자와 함께 제사지낼 곳으로 나아가 손을 씻고, 과일 접시를 신위마다 탁자의 남쪽 끝에 진설하고, 채소와 포와 육장을 서로 사이사이에 두어 그 다음 줄에 놓는다. 술잔과 잔 반침과 초 접시는 북쪽 끝에 진설하되, 술잔은 서쪽에, 접시는 동쪽에 놓고, 숟가락과 젓가락을 그 위에 둔다. 현주玄酒와 술은 각 한 병씩 시렁 위에 진설한다. 현주는 그날 정화수를 가져다 채워서 술의 서쪽에 놓는다. 화로에 숯불을 피우고 병에 물을 채운다. 주부는 불을 때어 제찬을 데우는데, 모두 충분히 익혀서 찬합에 담아가지고 나가 동쪽 계단 아래의 큰 상 위에 놓는다.

主人以下深衣 及執事者 俱詣祭所 盥手 設果楪於逐位卓子南端 蔬菜脯醢 相間次之 設盞盤醋楪于北端 盞西楪東 匙筯居中 設玄酒及酒 各一瓶於架上 玄酒其日取井花水充 在酒之西 熾炭于爐 實水于瓶 主婦炊煖祭饌 皆令極熱 以合盛出 置東階下大牀上

飯各一椀肝各一串肉各二串務令精潔未
祭之前勿令人先食及爲猫犬蟲鼠所汚也

厥明夙興設蔬果酒饌

主人以下深衣及執事者俱詣祭所
盥手設果楪於逐位卓子南端蔬菜
脯醢相間次之設盞盤醋楪于北端盞盤西楪東匙筯
居中設玄酒及酒各一瓶於架上玄酒其日取井花
水充在酒之西熾炭于爐實水于瓶主婦炊
祭饌皆令極熱以合盛出置東階下大牀上

質明奉主就位

主人以下各盛服盥手帨手詣祠堂前衆
丈夫敍立如朔日之儀主定主人升自阼
階搢笏焚香出笏告曰孝孫某今以仲春之月有事
于曾祖考某官府君曾祖妣某封某氏祖考某官府
君祖妣某封某氏考某官府君妣某封某氏以某親
某官府君某親某封某氏祔食敢請神主出就正寢
恭伸奠獻告辭仲夏秋冬各隨其時告訖搢笏斂櫝
正位祔位各置一笥各以執事者一人捧之主人出
笏前導至正寢置于西階卓子上主人搢笏啓櫝奉
諸考神主出就位主婦盥帨升奉諸妣神主亦如之
其祔位則子弟一人奉之
既畢主人以下皆降復位

날이 밝으면 신주를 받들어 신위에 모신다
質明奉主就位

주인 이하는 각각 성복盛服[8]을 하고 손을 씻고 수건으로 닦은 뒤 사당 앞에 나아간다. 여러 장부가 차례로 서는 것은 초하루의 의식과 같다. 자리가 정해지면 주인이 조계로 올라가 홀을 꽂고 분향한 다음, 홀을 빼어 들고 다음과 같이 고한다. "효손 모는 지금 중춘의 달에 증조고 모관부군曾祖考某官府君과 증조비 모봉모씨曾祖妣某封某氏, 조고 모관부군祖考某官府君과 조비 모봉모씨祖妣某封某氏, 고 모관부군考某官府君과 비 모봉모씨妣某封某氏에게 일이 있어 모친모관부군某親某官府君과 모친모봉모씨某親某封某氏를 부식祔食하려고, 감히 신주를 정침으로 내어가기를 청하오며 공손히 술을 올립니다." 고사에 중하仲夏, 중추仲秋, 중동仲冬은 각각 그 때를 따른다. 고사를 마치면 홀을 꽂고 독을 거두되 정위와 부위를 각각 한 상자에 두어 각각 집사자 한 사람이 받들게 한다. 주인이 홀을 빼어 들고 앞에서 인도하여 정침에 이르러 서쪽 계단의 탁자 위에 둔다. 주인이 홀을 꽂고 독을 열어 제고諸考의 신주를 받들어 자리에 내 놓는다. 주부가 손을 씻어 수건에 닦고 올라가 제비諸妣의 신주를 받들되 또한 똑같이 한다. 그 부위는 자제 한 사람이 받든다. 끝나면 주인 이하는 모두 내려와 자리로 돌아간다.

主人以下 各盛服 盥手帨手 詣祠堂前 衆丈夫敘立 如朔日之儀 立定 主人升自阼階 搢笏焚香 出笏告曰 孝孫某 今以仲春之月 有事于曾祖考某官府君 曾祖妣某封某氏 祖考某官府君 祖妣某封某氏 考某官府君 妣某封某氏 以某親某官府君 某親某封某氏 祔食 敢請神主 出就正寢 恭伸奠獻 告辭 仲夏秋冬 各隨其時 告訖 搢笏斂櫝 正位祔位 各置一笥 各以執事者一人捧之 主人出笏前導 至正寢置于西階卓子上 主人搢笏啓櫝 奉諸考神主出就位 主婦盥帨 升奉諸妣神主 亦如之 其祔位則子弟一人奉之 旣畢 主人以下 皆降復位

8 『국조오례의』에는 "관직이 있는 자는 사모(紗帽)와 품대(品帶) 차림을 하고, 무직자(無職者)는 입자(笠子)와 조아(絛兒;실로 짠 띠) 차림을 한다. 기일에는 담복(淡服)을 입는다." 하였다.

【회재안설】『정씨제례程氏祭禮』에서는, "제사를 주관하는 사람이 손을 씻어 수건으로 닦고 사당에 이르러 여러 신위의 신주를 받들어 쟁반에 담아 자제 각 한 사람씩 받들고 제사지낼 장소에 가도록 하되, 주부 이하는 가지 않는다." 하였다.

按 程氏祭禮 主祭者盥帨 詣祠堂 奉諸位神主 置于盤 令子弟各一人 奉至祭所 主婦以下不詣

按程氏祭禮主祭者盥帨詣祠堂奉諸位神主置于盤令子弟各一人奉至祭所主婦以下不詣

參神主人主婦以下敘立如儀立定再拜降神主人升搢笏焚香少退跪執事者開酒取巾拭瓶口斟酒于盞跪進于主人之右主人受之左執盤右執盞灌于茅上以盤盞授執事者出笏俛伏興再拜降復位

楊氏曰降神酹酒是盡傾初獻取高祖考妣盞祭之茅上者代神祭也禮祭酒小傾於地祭食於豆間皆代神祭也

進饌主人升主婦從之執事者一人以盤奉魚肉一人以盤奉米麪食一人以盤奉羹飯從升詣曾祖位前主人搢笏奉肉奠于盤盞之南主婦奉麪食奠于肉西主人奉魚奠于醋楪之南主婦奉米食奠于魚東主人奉羹奠于醋楪之東主婦奉飯奠于盤盞之西主人出笏以次設諸正位使諸子弟各設祔位皆畢主人以下皆降復位

初獻主人升詣曾祖位前執事者一人執酒注立于其右冬月即先

飯各一椀肝各一串肉各二串務令精潔未厥明夙
祭之前勿令人先食及爲猫犬蟲鼠所汚也

興設蔬果酒饌 主人以下深衣及執事者俱詣祭所盥手設果楪於逐位卓子南端蔬菜脯醢相間次之設盞盤醋楪于北端盞西楪東匙筯居中設玄酒及酒各一瓶於架上玄酒其日取井花水充在酒之西熾炭于爐實水于瓶主婦炊祭饌皆令極熱以合盛出置東階下大牀上

質明

奉主就位 主人以下各盛服盥手詣祠堂前衆丈夫敘立如朔日之儀立定主人升自作階搢笏焚香出笏告曰孝孫某今以仲春之月有事于曾祖考某官府君曾祖妣某封某氏祖考某官府君祖妣某封某氏考某官府君妣某封某氏以某親某官府君某親某封某氏祔食敢請神主出就正寢恭伸奠獻告辭仲夏秋冬各隨其時告訖搢笏斂櫝正位祔位各置一笥各以執事者一人捧之主人出笏前導至正寢置于西階卓子上主人搢笏啓櫝奉諸考神主出就位主婦盥帨升奉諸妣神主亦如之其祔位則子弟一人奉之既畢主人以下皆降復位

참신

參神

주인 · 주부 이하가 차례대로 서는 것은 다른 의식과 같다. 자리가 정해지면 재배한다.

主人主婦以下敘立 如儀 立定再拜

강신

降神

주인이 올라가 홀을 꽂고 분향한 뒤[9] 조금 물러나서 꿇어앉는다. 집사자가 술병을 열고 수건으로 술병 입구를 닦고서 잔에 술을 따르고 꿇어앉아 주인의 오른쪽에서 드린다. 주인이 그것을 받아, 왼손으로 잔 받침을 잡고 오른손으로 잔을 들어 모사 위에 붓는다. 잔 받침과 술잔을 집사자에게 주고, 홀을 빼어 엎드렸다가 일어난다. 조금 물러나서 재배하고, 내려와 자리로 돌아간다.

主人升 搢笏焚香少退跪 執事者 開酒 取巾拭甁口 斟酒于盞 跪進于主人之右 主人受之 左執盤 右執盞 灌于茅上 以盤盞授執事者 出笏俛伏興 少退再拜 降復位

양복楊復이 말하였다. "강신하고 모사에 술을 부을 적에는 모두 기울인다. 초헌에서 고조고비의 잔을 가져다 모사 위에 제하는 것은 신을 대신하여 제함이다. 예에 '술을 제함祭酒에는 땅에 조금 기울이고, 음식을 제함祭食에는 두豆 사이에서 한다.'[10]고 하였으니, 모두 신을 대신하여 제하는 것이다."

楊氏曰 降神酹酒 是盡傾 初獻取高祖考妣盞 祭之茅上者 代神祭也 禮祭酒少傾於地 祭食於豆間 皆代神祭也

9 『국조오례의』에는 "주인이 올라와서 향안 앞에 나아가 꿇어앉아서 세 번 향을 올리고 조금 물러나 꿇어앉는다."고 했다. 향을 올리는 횟수를 세번이라고 구체적으로 제시하고 있다.

10 술을……사이에서 한다 : 출전『예기』「곡례」 주. 묘제일 경우에는 땅에 술을 기울이지만 사당에서 할 경우에는 모사 그릇에 기울인다. 음식을 제하는 그릇은 두(豆) 사이에 두므로 두(豆) 사이에서 한다고 하였다.

參神 主人主婦以下敘立如儀立定再拜

降神 主人升搢笏焚香少退跪執事者開酒取巾拭瓶口斟酒于盞跪進于主人之右主人受之左執盤右執盞灌于茅上以盤盞授執事者出笏俛伏興再拜降復位

揚氏曰降神酹酒是盡傾初獻取高祖考妣盞祭之茅上者代神祭也禮祭酒小傾於地祭食於豆間皆代神祭也

음식을 올린다

進饌

주인이 올라가면, 주부가 따른다.[11] 집사자 한 사람이 쟁반에 생선과 고기를 받들고, 한 사람은 쟁반에 미식과 면식을 받들고, 한 사람은 쟁반에 갱과 반을 받들고 따라 올라간다. 증조의 신위 앞에 이르러 주인이 홀을 꽂고 고기를 받들어 잔 받침과 술잔의 남쪽에 올리며, 주부가 면식을 받들어 고기의 서쪽에 올린다. 주인이 생선을 받들어 초 접시 남쪽에 올리고, 주부가 미식을 받들어 생선의 동쪽에 올린다. 주인이 갱을 받들어 초 접시 동쪽에 올리고, 주부가 반을 받들어 잔 받침과 술잔의 서쪽에 올린다. 주인이 홀을 뽑아 들고 차례대로 여러 정위에 진설하고, 여러 자제를 시켜 각각 부위에 진설하도록 한다. 다 끝나면 주인 이하는 모두 내려와 자리로 돌아간다.

主人升 主婦從之 執事者一人 以盤奉魚肉 一人以盤奉米麪食 一人以盤奉羹飯從升 詣曾祖位前 主人搢笏 奉肉 奠于盤盞之南 主婦奉麪食 奠于肉西 主人奉魚 奠于醋楪之南 主婦奉米食 奠于魚東 主人奉羹 奠于醋楪之東 主婦奉盤 奠于盤盞之西 主人出笏 以次設諸正位 使諸子弟 各設祔位 皆畢 主人以下 皆降復位

11 『국조오례의』에는 "찬을 올리기 전에 화로에 숯불을 성하게 피우고 찬물(饌物)을 따뜻하게 데워서 그릇에 담는다." 하였다.

按程氏祭禮主祭者盥帨詣祠堂奉諸位神主置于盤令子弟各一人奉至祭所主婦以下不詣

參神 主人主婦以下敘立如儀立定再拜

降神 主人升搢笏焚香少退跪執事者開酒取巾拭甁口斟酒于盞跪進于主人之右主人受之左執盤右執盞灌于茅上以盤盞授執事者出笏俛伏興再拜降復位 楊氏曰降神酹酒是盡傾初獻取高祖考妣盞祭之茅上者代神祭也禮祭酒小傾於地祭食於豆問皆代神祭也

進饌 主人升主婦從之執事者一人以盤奉魚肉一人以盤奉米麪食一人以盤奉羹飯從升詣曾祖位前主人搢笏奉肉奠于盤盞之南主婦奉麪食奠于肉西主人奉魚奠于醋楪之南主婦奉米食奠于魚東主人奉羹奠于醋楪之東主婦奉飯奠于盤盞之西主人出笏以次設諸正位使諸子弟各設祔位皆畢主人以下皆降復位

初獻 主人升詣曾祖位前執事者一人執酒注立于其右冬月即先

초헌
初獻

주인이 올라가 증조의 신위 앞에 이르면, 집사자 1인이 술 주전자를 잡고 그 오른쪽에 선다. -겨울철에는 먼저 술을 따뜻하게 데운다.- 주인이 홀을 꽂고 증조고의 잔 받침과 잔을 받들어 신위 앞에서 동향하여 선다. 집사자가 서향하여 잔에 술을 따르면, 주인이 받들어 제자리에 올린다. 다음으로 증조비의 잔 받침과 잔을 받들어 역시 그와 같이 한다. 신위 앞에서 북향하여 꿇어앉는다. 집사자 2인이 증조고비의 잔 받침과 잔을 받들어 주인의 좌우에 꿇어앉는다. 주인이 증조고의 잔 받침과 잔을 받아, 모사 위에 제하고, 잔 받침과 잔을 집사자에게 주면, 집사자가 제자리에 돌려놓는다. 증조비의 잔 받침과 잔을 받아 역시 그와 같이 한다. 홀을 빼어 들고 엎드렸다가 일어나서 조금 물러나서 꿇어앉는다. 집사자가 화로에 간肝을 구워 접시에 담는다. 형제 중 연장자 1인이 받들어 증조고비 앞에 올린다. 축이 축판을 들고 주인의 왼쪽에 꿇어앉아 축문을 읽는다.[12]

"유년세월삭일자에 효증손모관孝曾孫某官 모某가 감히 증조고 모관부군某官府君과 증조비 모봉모씨曾祖妣某封某氏께 밝게 고합니다. 절기가 바뀌어 때는 중춘입니다. 세시에 추모의 감회는 길이 사모함을 이기지 못하여, 감히 깨끗한 희생潔牲과 여러 제물庶品과 자성粢盛과 예제醴齊로 -희생이 없으면 청작서수淸酌庶羞라고 한다.- 공경히 세사歲事를 올리며, 모친모관부군某親某官府君과 모친모봉모씨某親某封某氏를 부식祔食하오니, 흠향하시기 바랍니다."

주인이 엎드렸다가 일어나 물러나서, 여러 신위로 가서 술을 올리고 축문 읽기를 앞서와 같이 한다. 부위에는 아헌이나 종헌을 하지 않는 자제를 시켜[13] 술을 따라 올리게 한다. 끝나면 주인이 향탁의 남쪽에서서 재배하고 내려와 자리로 돌아간다. 집사자는 다른 그릇의 술을 비우고, 술잔을 제자리에 둔다.

12 『국조오례의』에는 "속절(俗節)의 제사에는 축(祝)이 없다."고 했다.

13 『국조오례의』에는 "주부가 차례로 받들어 드리고 숟갈을 반(飯) 가운데 꽂으며 자루가 서쪽으로 가게 하여 젓가락을 간추려 놓는다."하였다. 뒤에 유식 · 합문 · 계문의 절차가 생략되기 때문에, 이 절차에서 주부가 숟가락을 꽂는 것이다.

主人升 詣曾祖位前 執事者一人執酒注 立于其右 -冬月 卽先煖之- 主人搢笏 奉曾祖考盤盞 位前東向立 執事者西向 斟酒于盞 主人奉之 奠于故處 次奉曾祖妣盤盞 亦如之 位前北向跪 執事者二人 奉曾祖考妣盤盞 跪于主人之左右 主人受曾祖考盤盞 祭之茅上 以盤盞授執事者 反之故處 受曾祖妣盤盞亦如之 出笏 俛伏興 少退跪 執事者炙肝于爐 以楪盛之 兄弟之長一人奉之 奠于曾祖考妣前 祝取版 跪於主人之左 讀曰 維年歲月朔日子 孝曾孫某官某 敢昭告于曾祖考某官府君 曾祖妣某封某氏 氣序流易 時維仲春 追感歲時 不勝永慕 敢以潔牲庶品 粢盛醴齊 -無牲則曰淸酌庶羞- 祗薦歲事 以某親某官府君 某親某封某氏 祔食 尙饗 主人俛伏興退 詣諸位 獻祝如初 祔位 令子弟不爲亞終獻者酌獻 畢 主人立於香卓之南 再拜 降復位 執事者 以他器徹酒 置盞故處

조부 앞에는 '효손'이라 칭하고 아버지 앞에는 '효자'라 칭하며, '불승영모不勝永慕'를 '호천망극昊天罔極'이라 고친다.

祖前 稱孝孫 考前 稱孝子 改不勝永慕 爲昊天罔極

무릇 부祔할 적에 백숙부는 증조에 부하고, 형제는 조祖에 부하고, 자손은 고考에 부하며, 나머지도 모두 이와 같다. 만약 본위本位가 없으면, '모친某親을 부식祔食한다.'고 말하지 않는다.

凡祔者 伯叔父祔于曾祖 兄弟祔于祖 子孫祔于考 餘皆倣此 如本位無 則不言以某親祔食

燰之主人搢笏奉曾祖考盤盞位前東向立執事者西向斟酒于盞主人奉之奠于故處次奉曾祖妣盤
盞亦如之位前北向跪執事者二人奉曾祖考妣盤盞跪于主人之左右主人受曾祖考盤盞祭之茅上
以盤盞授執事者反之故處受曾祖妣盤盞亦如之出笏俛伏興少退跪執事者炙肝于爐以楪盛之兄
弟之長一人奉之奠于曾祖考妣前祝取版跪於主人之左讀曰維年歲月朔日子孝曾孫其官其敢昭
告于曾祖考其官府君曾祖妣某封某氏氣序流易時維仲春追感歲時不勝永慕敢以潔牲庶品粢盛
醴齊無牲則曰清酌庶羞祗薦歲事以某親某官府君某封某氏祔食尚饗主人俛伏興退詣諸位獻祝
如初祔位令子弟不爲亞終獻者酌獻畢主人立於香卓之南再拜降復位執事者以他器徹酒置盞故
處○祖前稱孝孫考前稱孝子改不勝永慕爲昊天罔極○凡祔者伯叔父祔于曾祖兄弟祔于祖
子孫祔于考餘皆倣此如位無則不言以其親祔食
亞獻主婦爲之諸婦女奉炙肉及分獻如
初獻儀但不讀祝終獻兄弟之長或長男或親賓爲之衆子弟奉炙肉及分獻如亞獻儀侑

按程氏祭禮主祭者盥帨詣祠堂奉諸位神主置于盤令子弟各一人奉至祭所主婦以下不詣

參神 主人主婦以下敍立如儀立定再拜

降神 主人升搢笏焚香少退盥執事者開酒取巾拭

瓶口斟酒于盞跪進于主人之右主人受之左執盤右執盞灌于茅上以盤盞授執事者出笏俛伏興再

拜降復位

楊氏曰降神酹酒是盡傾初獻取高祖考妣盞祭之茅上者代神祭也禮祭酒小傾於地祭食於豆

間皆代神祭也

進饌 主人升主婦從之執事者一人以盤奉魚肉一人以盤奉米麪食一人以盤奉羹飯從升詣曾

祖位前主人搢笏奉肉奠于盤盞之南主婦奉麪食奠于肉西主人奉魚奠于醋楪之南主婦奉米食奠

于魚東主人奉羹奠于醋楪之東主婦奉飯奠于盤盞之西主人出笏以次設諸正位使諸子弟各設祔

位皆畢主人下皆降復位

初獻 主人升詣曾祖位前執事者一人執酒注立于其右冬月即先

아헌
亞獻

주부가 한다. 여러 부녀가 구운 고기를 받들어 올리는 것과 분헌分獻하는 것은 초헌의 의식과 같은데, 다만 축문을 읽지 않는다.

主婦爲之 諸婦女奉炙肉及分獻 如初獻儀 但不讀祝

종헌
終獻

형제 중 연장자나 혹은 장남, 혹은 가까운 빈賓이 한다. 여러 자제가 구운 고기를 받들어 올리는 것과 분헌하는 것은 아헌의 의식과 같다.[14]

兄弟之長 或長男 或親賓爲之 衆子弟奉炙肉及分獻 如亞獻儀

14 『국조오례의』에는 종헌이 끝나면 "주인이 올라와 향안 앞의 음복위(飮福位, 기일 · 속절에는 하지 않는다)에 나아가 꿇어앉는다. 축이 잔을 가지고 두루미의 술을 떠내어 주인에게 주면 주인이 받아서 다 마신다. 축이 빈 잔을 받아서 준탁(尊卓)에 도로 가져다 놓는다. 주인이 부복하였다가 일어나 내려가서 자리로 돌아온다. 주인이하 자리에 있는 자가 다 재배한다. 조금 뒤에 또 재배한다. 주인이 신주를 받들어 도로 봉납(奉納)하고 주찬(酒饌)을 거두어 가지고 이에 제사 음식을 나눠 먹는다. 주인 이하, 집사자를 거느리고 남녀가 편의하게 자리를 달리하여 연음(宴飮)한다. 기일과 속절의 제사에는 그렇게 하지 않는다."하여, 유식 · 합문 · 계문의 절차가 생략되어 있다.

授之主人搢笏奉曾祖考盤盞位前東向立執事者西向斟酒于盞主人奉之奠于故處次奉曾祖妣盤盞亦如之位前北向跪執事者二人奉曾祖考妣盤盞跪于主人之左右主人受曾祖考盤盞祭之茅上以盤盞授執事者反之故處受曾祖妣盤盞亦如之出笏俛伏興少退跪執事者炙肝于爐以楪盛之兄弟之長一人奉之奠于曾祖考妣前祝取版跪於主人之左讀曰維年歲月朔日子孝曾孫某官某敢昭告于曾祖考某官府君曾祖妣某封某氏氣序流易時維仲春追感歲時不勝永慕敢以潔牲庶品粢盛醴齊無牲則曰淸酌庶羞祗薦歲事以某親某官府君某封某氏祔食尙饗主人俛伏興退詣諸位獻祝如初祔位令子弟不爲亞終獻者酌獻畢主人立於香卓之南再拜降復位執事者以他器徹酒置盞故處○祖前稱孝孫考前稱孝子改不勝永慕爲昊天罔極○凡祔者伯叔父祔于曾祖兄弟祔于祖子孫祔于考餘皆倣此如位無則不言以某親祔食

亞獻 主婦爲之諸婦女奉炙肉及分獻如初獻儀不讀祝

終獻 兄弟之長或長男或親賓爲之衆子弟奉炙肉及分獻如亞獻儀

侑

유식
侑食

주인이 올라가 홀을 꽂고 주전자를 들고 나아가 여러 신위의 술잔을 모두 가득 채우고서 향안의 동남쪽에 선다. 주부가 올라가 숟가락을 밥 가운데 꽂되 손잡이를 서쪽으로 하고 젓가락을 바르게 하고서 향안의 서남쪽에 선다. 모두 북향하여 재배하고 내려와 자리로 돌아간다.

主人升 搢笏執注 就斟諸位之酒皆滿 立於香案之東南 主婦升 扱匙飯中 西柄 正筯 立于香案之西南 皆北向再拜 降復位

문을 닫는다
闔門

주인 이하가 모두 나오면, 축이 문을 닫는다. 문이 없는 곳이라면 발簾을 드리워도 된다. 주인은 문의 동쪽에서 서향하여 서고, 여러 장부는 그 뒤에 선다. 주부는 문의 서쪽에서 동향하여 서고, 여러 부녀는 그 뒤에 선다. 만약 존장이 있으면 다른 곳에서 조금 쉰다.

主人以下皆出 祝闔門 無門處 卽降簾 可也 主人立於門東西向 衆丈夫在其後 主婦立於門西東向 衆婦女在其後 如有尊長 則少休於他所

初獻儀但不讀祝

終獻 兄弟之長或長男或親賓爲之衆子弟奉炙肉及分獻如亞獻儀

侑食 主人升搢笏執注就斟諸位之酒皆滿立於香案之東南主婦升扱匙飯中西柄正筯立于香案之西南皆北向再拜降復位

闔門 主人以下皆出祝闔門無門處即降簾可也主人立於門東西向衆丈夫在其後主婦立於門西東向衆婦女在其後如有尊長則少休於他所

啓門 祝聲三噫乃啓門主人以下皆入其尊長休于他所者亦入就位主人主婦奉茶分進于諸考妣之前祔位使子弟進之

受胙 執事者設席于香案前主人就席北面祝詣曾祖考前擧酒盤盞詣主人之右主人跪祝亦跪主人搢笏受盤盞祭酒啐酒祝取匙幷盤抄取諸位之飯各少許奉以詣主人之左嘏于主人曰祖考命工祝承致多福于汝孝孫來汝孝孫使汝受祿于天宜稼于田眉壽永年勿替引之主人置酒于席前出笏俛伏興再拜搢笏跪受飯嘗之取酒卒飮執事者受盞置注旁受飯亦如之主人執笏俛伏興立於東階上西向祝立於西階上東向告利成降復位與在位者皆再拜主人不拜降復位

辭神 主人以下

문을 연다
啓門

축이 ‘어흠’ 하고 세 번 소리를 내고 문을 열면, 주인 이하가 모두 들어간다. 다른 곳에서 쉬던 존장도 들어가 자리에 나아간다. 주인과 주부가 차를 받들어 고와 비 앞에 나누어 드린다. 부위에는 자제를 시켜 드리게 한다.

祝聲三噫 乃啓門 主人以下皆入 其尊長休于他所者 亦入就位 主人主婦奉茶 分進于諸考妣之前 祔位 使子弟進之

初獻儀但不讀祝

終獻 兄弟之長或長男或親賓爲之衆子弟奉炙肉及分獻如亞獻儀

侑食 主人升搢笏執注就斟諸位之酒皆滿立於香案之東主婦升扱匙飯中西柄正箸立于香案之西南皆北向再拜降復位

闔門 主人以下皆出祝闔門無門處即降簾可也主人立於門東西向衆丈夫在其後主婦立於門西東向衆婦女在其後如有尊長則少休於他所

啓門 祝聲三噫乃啓門主人以下皆入其尊長休于他所者亦入就位主人主婦奉茶分進于諸考妣之前祔位使子弟進之

受胙 執事者設席于香案前主人就席北面祝詣曾祖考前舉酒盤盞詣主人之右主人跪祝亦跪主人搢笏受盤盞祭酒啐酒祝取匙并盤抄取諸位之飯各少許奉以詣主人之左嘏于主人曰祖考命工祝承致多福于汝孝孫來汝孝孫使汝受祿于天宜稼于田眉壽永年勿替引之主人置酒于席前出笏俛伏興再拜搢笏跪受飯嘗之取酒卒飲執事者受盞置注旁受飯亦如之主人執笏俛伏興立於東階上西向祝立於西階上東向告利成降復位與在位者皆再拜主人不拜降復位

辭神 主人以下

제사지낸 고기를 받는다
受胙

집사자가 향안 앞에 자리를 설치하면, 주인이 자리에 나아가 북향한다. 축이 증조고 앞에 나아가 술잔과 잔 받침을 들고 주인의 오른쪽으로 간다. 주인이 꿇어앉으면 축도 꿇어앉는다. 주인이 홀을 꽂고 잔 받침과 술잔을 받아 술을 제하고 술을 맛본다. 축이 숟가락과 쟁반을 가져다 여러 신위의 밥을 조금씩 떠서 받들고 주인의 왼쪽에 이르러, 주인에게 복을 빌며 말한다.

"조고께서 공축工祝[15]에게 명하여 너 효손이 복을 많이 받도록 하였노라. 너 효손아, 너로 하여금 하늘에서 녹을 받아 전답에 농사가 잘되고 오래 살게 할 터이니, 변함없이 지켜가라."

주인이 술을 자리 앞에 두고 홀을 빼어 들고 엎드렸다가 일어나 재배한다. 홀을 꽂고 꿇어앉아 밥을 받아 맛보고서 술을 가져다가 다 마신다. 집사자가 술잔을 받아 주전자 곁에 두고, 밥을 받는 것도 똑같이 한다. 주인이 홀을 잡고 엎드렸다가 일어나 동쪽 계단 위에서 서향하여 선다. 축이 서쪽 계단 위에 동향하여 서서 '봉양을 마쳤습니다.利成'라 아뢰고, 내려와 자리로 돌아가서 자리에 있는 사람들과 함께 모두 재배한다. 주인은 절하지 않고 내려와 자리로 돌아간다.

執事者設席于香案前 主人就席北面 祝詣曾祖考前 擧酒盤盞 詣主人之右 主人跪 祝亦跪 主人搢笏 受盤盞 祭酒啐酒 祝取匙並盤 抄取諸位之飯各少許 奉以詣主人之左 嘏于主人 曰 祖考命工祝 承致多福于汝孝孫 來汝孝孫 使汝受祿于天 宜稼于田 眉壽永年 勿替引之 主人置酒于席前 出笏 俛伏興 再拜 搢笏跪受飯嘗之 取酒卒飮 執事者受盞 置注旁 受飯 亦如之 主人執笏 俛伏興 立於東階上西向 祝立於西階上東向 告利成 降復位 與在位者 皆再拜 主人不拜 降復位

15 공축(工祝) : 제사지낼 적에 축을 고하는 일을 맡은 축관(祝官)을 말한다.

初獻儀但不讀祝

終獻 兄弟之長或長男或親賓爲之衆子弟奉炙肉及分獻如亞獻儀

侑食 主人升搢笏執注就斟諸位之酒皆滿立於香案之東南主婦升扱匙飯中西柄正筯立于香案之西南皆北向再拜降復位

闔門 主人以下皆出祝闔門無門處即降簾可也主人立於門東西向衆丈夫在其後主婦立於門西東向衆婦女在其後如有尊長則少休於他所

啓門 祝聲三噫乃啓門主人以下皆入其尊長休於他所者亦入就位主人主婦奉茶分進于諸考妣之前祔位使子弟進之

受胙 執事者設席于香案前主人就席北面祝詣曾祖考前擧酒盤盞詣主人之右主人跪祝亦跪主人搢笏受盤盞祭酒啐酒祝取匙并盤抄取諸位之飯各少許奉以詣主人之左嘏于主人曰祖考命工祝承致多福于汝孝孫來汝孝孫使汝受祿于天宜稼于田眉壽永年勿替引之主人置酒于席前出笏俛伏興再拜搢笏跪受飯嘗之取酒卒飮執事者受盞置注旁受飯亦如之主人執笏俛伏興立於東階上西向祝立於西階上東向告利成降復位與在位者皆再拜主人不拜降復位

辭神 主人以下

사신
辭神

주인 이하 모두 재배한다.

主人以下皆再拜

신주를 들여 모신다
納主

주인과 주부가 모두 올라가 각각 신주를 받들어 독에 들여놓는다. 주인이 상자에다 독을 거두어서 받들고 사당으로 돌아가는 것은 출주할 때의 의식과 같다.

主人主婦皆升 各奉主納于櫝 主人以笥斂櫝 奉歸祠堂 如來儀

음식을 거둔다
徹

주부가 거두는 것을 감독한다. 잔과 주전자와 다른 그릇에 남아 있는 술을 모두 병에 넣고 봉하는데, 이른바 복주福酒이다. 과일 · 채소 · 고기 · 음식도 아울러 평상시에 사용하는 그릇에 옮긴다. 주부가 제기를 씻어 보관하는 것을 감독한다.

主婦監徹 在盞注他器中者 皆入于瓶 緘封之 所謂福酒 果蔬肉食 並傳于燕器 主婦監滌祭器而藏之

主人搢笏受盤盞祭酒啐酒祝取匙并盤抄取諸位之飯各少許奉以詣主人之左嘏于主人曰祖考命工祝承致多福于汝孝孫來汝孝孫使汝受祿于天宜稼于田眉壽永年勿替引之主人置酒于席前出笏俛伏興再拜搢笏跪受飯嘗之取酒卒飲執事者受盞置注旁受飯亦如之主人執笏俛伏興立於東階上西向立祝立於西階上東向告利成降復位與在位者皆再拜主人不拜降復位

辭神 主人以下皆再拜

納主 主人主婦皆升各奉主納于櫝主人以笥斂櫝奉歸祠堂如來儀

徹 主婦監徹酒之在盞注他器中者皆入于瓶緘封之所謂福酒果蔬肉食並傳下燕器主婦監滌祭器而藏之

餕 是日主人監分祭胙品取少許置于合並酒皆封之遣僕執書歸胙於親友遂設席男女異處獻內外尊長壽如儀酒饌不足則以他酒他饌益之將罷主人頒胙于外僕主婦頒胙于內執事者徧及微賤其日皆盡受者皆再拜乃徹席

朱子曰凡祭主於盡愛敬之誠而已貧則稱家之有

남은 제사 음식을 대접한다
餕

◥

이날 주인이 제사지낸 고기祭胙를 나누는 것을 감독하여, 품목마다 조금씩 취해 찬합에 넣고 술과 함께 모두 봉하여 종에게 서찰을 쥐어 보내 제사지낸 고기를 친우親友에게 돌린다. 그대로 자리를 설치하되 남녀는 장소를 달리하며, 내외 존장에게 의식대로 헌수獻壽한다. 술과 찬이 부족하면 다른 술과 다른 찬을 더한다. 파할 무렵에 주인이 바깥의 종들에게 제사지낸 고기를 나누어주고, 주부는 내집사에게 제사지낸 고기를 나누어 주어 미천한 사람에게도 두루 미치게 한다. 음식은 그날 중에 모두 다 소비한다. 받은 자는 모두 재배하고, 이어서 자리를 거둔다.

是日 主人監分祭胙 品取少許 置于合 並酒皆封之 遣僕執書 歸胙於親友 遂設席 男女異處 獻內外尊長壽如儀 酒饌不足 則以他酒他饌益之 將罷 主人頒胙于外僕 主婦頒胙于內執事者 徧及微賤 其日皆盡 受者皆再拜 乃徹席

주자가 말하였다.

"무릇 제사는 사랑과 공경하는 정성을 다하는 것을 위주로 할 뿐이다. 가난하면 집의 형편에 맞게 하고, 병들면 근력을 헤아려서 행한다. 재물과 근력이 미칠 수 있는 자는 각자 의식대로 함이 마땅하다."

朱子曰 凡祭主於盡愛敬之誠而已 貧則稱家之有無 疾則量筋力而行之 財力可及者 自當如儀

【회재안설】 정자는 '고조에게 복이 있는데도 제사지내지 않는 것은 매우 잘못 된 것이다.' 고 하였다. 『문공가례文公家禮』에서 고조까지 제사지내도록 한 것은 대개 정자의 예에 근거한 것이다. 그러나 예에는 '대부 3묘, 사 2묘' 라 하여 고조까지 제사지낸다는 조문이 없다. 그러므로 주자도 고조까지 제사지내는 것이 참람된 것이라고 여겼다. 또한 지금 우리나라의 예전禮典(『국조오례의國朝五禮儀』)에 6품 이상은 3대를 제사지내도록 되어 있으니, 어길 수가 없는 것이다. 조심스레 생각하건대, 고조는 비록 사당이 없더라도 그 제사를 온전히 폐할 수는 없으니, 봄가을 시속 명절에 그 자손들을 이끌고 묘소에 가서 제사지낸다면, 거의 예의 본뜻에 어긋남이 없을 것이며, 또한 근본을 잊어버리는 데도 이르지 않을 것이다.

按 程子言 高祖有服不祭 甚非 文公家禮 祭及高祖 蓋亦本於程氏之禮也 然禮大夫三廟士二廟 無祭及高祖之文 故朱子亦以祭高祖爲僭 且今國朝禮典 六品以上祭三代 不可違也 竊意 高祖雖無廟 亦不可專廢其祭 春秋俗節 率其子孫 詣墓祭之 庶無違禮意 而亦不至忘本也

按程子言高祖有服不祭甚非文公家禮祭及高
祖蓋亦本於程氏之禮也然禮大夫三廟士二廟
無祭及高祖之文故朱子亦以祭高祖爲僭且今
國朝禮典六品以上祭三代不可違也竊意高祖
雖無廟亦不可專廢其祭春秋俗節率其子
孫詣墓祭之庶無違禮意而亦不至忘本也

皆再拜 納主 主人主婦皆升各奉主納于櫝主人以笥斂櫝奉歸祠堂如來儀 徹 主婦監徹
酒之在盞注他器山者皆入于瓶緘封之所謂福酒果蔬肉食並傳下燕器主婦監滌祭器而藏之 餕
是日主人監分祭胙品取少許置于合並酒皆封之遣僕執書歸胙於親友遂設席男女異處獻內外尊
長壽如儀酒饌不足則以他酒他饌益之將罷主人頒胙于外僕主婦頒胙于內執事者徧及微賤其日
皆盡受者皆再拜乃徹席
朱子曰凡祭主於盡愛敬之誠而已貧則稱家之有
無疾則量筋力而行之財力可及者自當如儀

按程子言高祖有服不祭甚非文公家禮祭及高
祖蓋亦本於程氏之禮也然禮大夫三廟士二廟
無祭及高祖之文故朱子亦以祭高祖爲僭且今
國朝禮典六品以上祭三代不可違也寧意高祖
雖無廟亦不可專廢其祭春秋俗節率其子
孫詣墓祭之庶無違禮意而亦不至忘本也

皆再拜
納主
主人主婦皆升各奉主納于櫝主人以笥斂櫝奉歸祠堂如來儀
徹
主婦監徹

餕
酒之在盞注他器皆入于瓶緘封之所謂福酒果蔬肉食並傳下燕器主婦監滌祭器而藏之

是日主人監分祭胙品取少許置于合並酒皆封之遣僕執書歸胙於親友遂設席男女異處獻內外尊長壽如儀酒饌不足則以他酒他饌益之將罷主人頒胙于外僕主婦頒胙于內執事者徧及微賤其日皆盡受者皆再拜乃徹席

朱子曰凡祭主於盡愛敬之誠而已貧則稱家之有
無疾則量筋力而行之財力可及者自當如儀

녜
禰

녜禰[16]를 이은 종가 이상에서 모두 제사지낼 수 있다. 오직 지자支子는 제사지내지 않는다.

繼禰之宗以上 皆得祭 惟支子不祭

늦가을에 녜제를 지낸다
季秋祭禰

정자가 말하였다. "늦가을은 만물이 이루어지기 시작하는 때이므로, 그것과 유사함을 형상하여 제사지내는 것이다."

程子曰 季秋 成物之始 亦象其類而祭之

한 달 전 하순에 날을 점친다
前一月下旬卜日

시제의 의식과 같다.

如時祭之儀

16 녜(禰): 녜제는 음력 9월에 날을 점쳐 아버지에게 지내는 제사이다. 우리 풍습에는 기일제를 더 중요하게 여겼기 때문에 사실상 녜제를 지내는 집안은 많지 않았다.

按程子言高祖有服不祭甚非文公家禮祭及高
祖盖亦本於程氏之禮也然禮大夫三廟士二廟
無祭及高祖之文故朱子亦以祭高祖爲僭且今
國朝禮典六品以上祭三代不可違也竊意高祖
雖無廟亦不可專廢其祭春秋俗節準其子
孫詣墓祭之庶無違禮意而亦不至忘本也

皆再拜

納主 主人主婦皆升各奉主納于櫝主人以笥歛櫝奉歸祠堂如來儀

徹 主婦監徹

餕 酒之在盞注他器中者皆入于瓶緘封之所謂福酒果蔬肉食並傳下燕器祭器而藏之

是日主人監分祭胙品取少許置于合並酒皆封之
遣僕執書歸胙於親友遂設席男女異處獻內外尊
長壽如儀酒饌不足則以他酒他饌益之將罷主人
頒胙于外僕主婦頒胙于內執事者徧及微賤其日
皆盡受者皆
再拜乃徹席

朱子曰凡祭主於盡愛敬之誠而已貧則稱家之有
無疾則量筋力而行之財力可及者自當如儀

녜
禰

녜禰[16]를 이은 종가 이상에서 모두 제사지낼 수 있다. 오직 지자支子는 제사지내지 않는다.

繼禰之宗以上 皆得祭 惟支子不祭

늦가을에 녜제를 지낸다
季秋祭禰

정자가 말하였다. "늦가을은 만물이 이루어지기 시작하는 때이므로, 그것과 유사함을 형상하여 제사지내는 것이다."

程子曰 季秋 成物之始 亦象其類而祭之

한 달 전 하순에 날을 점친다
前一月下旬卜日

시제의 의식과 같다.

如時祭之儀

16 녜(禰): 녜제는 음력 9월에 날을 점쳐 아버지에게 지내는 제사이다. 우리 풍습에는 기일제를 더 중요하게 여겼기 때문에 사실상 녜제를 지내는 집안은 많지 않았다.

按程子言高祖有服不祭甚非文公家禮祭及高祖蓋亦本於程氏之禮也蘇禮大夫三廟士二廟無祭及高祖之文故朱子亦以祭高祖爲僭且今國朝禮典六品以上祭三代不可違也竊意高祖雖無廟亦不可專廢其祭春秋俗節薦其子孫詣墓祭之庶無違禮意而亦不至忘本也

禰 繼禰之宗以上皆得祭惟支子不祭

季秋祭禰 程子曰季秋成物之始亦象其類而祭之 前一月下旬卜日 如時祭之儀 前三日齋戒 前一日設位陳器 如時祭之儀但止於正寢合設兩位 具饌 如時祭之儀二分 厥明夙興設蔬果酒饌 如時祭之儀 質明盛服詣祠堂奉神主出就正寢 如時祭于正寢之儀但告詞云孝子某今以季秋成物之始有事于考某官府君妣某封某氏餘並同 參神降神進饌初獻 如時祭之儀但祝辭云孝子某官某敢昭告于考某官府君妣某封某氏今以季秋成物之始感時

사흘 전에 재계하고 하루 전에 신위를 설치하고 기물을 진설한다

前三日齊戒 前一日 設位陳器

◥

시제의 의식과 같으나, 다만 정침에 두 신위만 합설한다.

如時祭之儀 但止於正寢 合設兩位

제찬을 갖춘다

具饌

◥

시제의 의식과 같다. 두 분의 것을 갖춘다.

如時祭之儀 二分

이튿날 일찍 일어나 채소와 과일과 술과 찬을 진설한다

厥明夙興 設蔬果酒饌

◥

시제의 의식과 같다.

如時祭之儀

季秋祭禰 程子曰季秋成物之始亦象其類而祭之 前一月下旬卜日 如時祭之儀

前三日齋戒 前一日設位陳器 如時祭之儀但止於正寢合設兩位

具饌 如時祭之儀二分 厥明夙興設蔬果酒饌 如時祭之儀

質明盛服詣祠堂奉神主出就正寢 如時祭于正寢之儀但告辭云孝子某今以季秋成物之始有事于考某官府君妣某封某氏餘並同

參神降神進饌初獻 如時祭之儀但祝辭云孝子某官某敢昭告于考某官府君妣某封某氏今以季秋成物之始感時追慕昊天罔極餘並同

亞獻終獻侑食闔門啓門受胙辭神納主徹餕 並如時祭之儀

忌日

程氏祀先凡例祖考忌日則只祭禰考及祖妣祖妣忌日則只祭祖妣及祖考仍請神主

날이 밝을 무렵에 제복을 성대하게 차려입고 사당에 가서 신주를 받들고 나와 정침으로 간다

質明盛服 詣祠堂 奉神主出 就正寢

◥

정침에서 지내는 시제의 의식과 같다. 다만 고사는 "효자 모가 지금 만물이 이루어지기 시작하는 늦가을에 고모관부군考某官府君과 비모봉모씨妣某封某氏에게 제사지내려 합니다."라고 한다. 나머지는 모두 같다.

如時祭于正寢之儀 但告詞云 孝子某 今以季秋成物之始 有事于考某官府君 妣某封某氏 餘並同

참신 · 강신 · 진찬 · 초헌

參神 · 降神 · 進饌 · 初獻

◥

시제의 의식과 같다. 다만 축사는 "효자 모관某官 모某가 감히 고모관부군考某官府君과 비모봉모씨妣某封某氏에게 밝게 고합니다. 지금 만물이 이루어지기 시작하는 늦가을에 계절의 느낌이 있어서 추모하는 마음 하늘처럼 다함이 없습니다."라고 한다. 나머지는 모두 같다.

如時祭之儀 但祝辭云 孝子某官某 敢昭告于考某官府君 妣某封某氏 今以季秋成物之始 感時追慕 昊天罔極 餘並同

季秋祭禰 程子曰季秋成物之始亦象其類而祭之 前一月下旬卜日 如時祭之儀 前三日齋戒前一日設位陳器 如時祭之儀但止於正寢合設兩位 具饌 如時祭之儀二分 厥明夙興設蔬果酒饌 如時祭之儀 質明盛服詣祠堂奉神主出就正寢 如時祭于正寢之儀但告詞云孝子某今以季秋成物之始有事于考某官府君妣某封某氏餘並同 參神降神進饌初獻 如時祭之儀但祝詞云孝子某官某敢昭告于考某官府君妣某封某氏今以季秋成物之始感時追慕昊天罔極餘並同 亞獻終獻侑食闔門啓門受胙辭神納主徹餕 並如時祭之儀

忌日 程氏祀先凡例祖考忌日則只祭祖考及祖妣祖妣忌日則只祭祖妣及祖考仍請神主

아헌 · 종헌 · 유식 · 합문 · 계문 · 수조 · 사신 · 납주 · 철 · 준
亞獻 · 終獻 · 侑食 · 闔門 · 啓門 · 受胙 · 辭神 · 納主 · 徹 · 餕

모두 시제의 의식과 같다.

並如時祭之儀

季秋祭禰 程子曰季秋成物之始亦象其類而祭之 前一月下旬卜日 如時

祭之儀 前三日齋戒前一日設位陳器 如時祭之儀但止設正寢合設

兩位 具饌 如時祭之儀二分 厥明夙興設蔬果酒饌 如時祭之儀 質

明盛服詣祠堂奉神主出就正寢 如時祭于正寢之儀但告詞云孝子

某今以季秋成物之始有事于考某官府君妣某封某氏餘並同 參神降神進饌初

獻 如時祭之儀但祝辭云孝子某官某敢昭告于考某官府君妣某封某氏今以季秋成物之始感時

追慕昊天罔極餘並同 亞獻終獻侑食闔門啓門受胙辭神納

主徹餕 並如時祭之儀

忌日

程氏祀先凡例祖考忌日則只祭祖考及祖妣祖妣忌日則只祭祖妣及祖考仍請神主

기일[17]
忌日

『정씨사선범례程氏祀先凡例』에 "조고의 기일에는 조고 및 조비만 제사지내고, 조비의 기일에는 조비 및 조고만 제사지내는데, 신주를 중당中堂으로 모시고 나와서 제사지낸다. 나머지 신위의 기일 제사도 같다."라고 하였다.

程氏祀先凡例 祖考忌日 則只祭祖考及祖妣 祖妣忌日 則只祭祖妣及祖考 仍請神主出中堂享祭 餘位忌日祭同

하루 전에 재계하고[18] 신위를 설치하고
기물을 진설하고 음식을 갖춘다.
이튿날 일찍 일어나 채소와 과일과 술과 찬을 진설한다

前一日齊戒 設位陳器 具饌 厥明夙興 設蔬果酒饌

녜제의 의식과 같다.

如祭禰之儀

17 기일: 『가례』를 보면 중국에서는 집안 제사 가운데 사시제가 가장 장엄하고 성대한 제사이나 우리 풍습에는 명절과 기일제를 중요하게 여겼다.

18 『국조오례의』에는 "기일제(忌日祭)와 속절제(俗節祭)에는 1일 동안 청재(淸齊;몸과 마음을 깨끗이 하여 재계함)한다"고 했다.

忌日

程氏祀先凡例祖考忌日則只祭祖考及祖妣祖妣忌日則只祭祖妣及祖考仍請神主出中堂享祭餘位忌日祭同

前一日齊戒設位陳器具饌厥明夙興設蔬果酒饌如祭禰之儀質明主人以下變服白圓領素帶有官則烏紗帽角帶禰則布裹角帶旁親則白深衣黑帶主婦白大衣緣黃帔餘人皆白衣去華盛之服詣祠堂奉神主出就正寢如祭禰之儀但告詞云今以某親某官府君遠諱之辰敢請神主出就正寢恭伸追慕餘並同參神降神進饌初獻如祭禰之儀但祝詞云歲序遷易諱日復臨追遠感時不勝永慕考妣改不勝永慕爲昊天罔極旁親云諱日復臨不勝感愴若考妣則祝興主人以下哭盡哀餘並同亞獻終獻侑食闔門啓門如祭禰之儀但不受胙辭神納

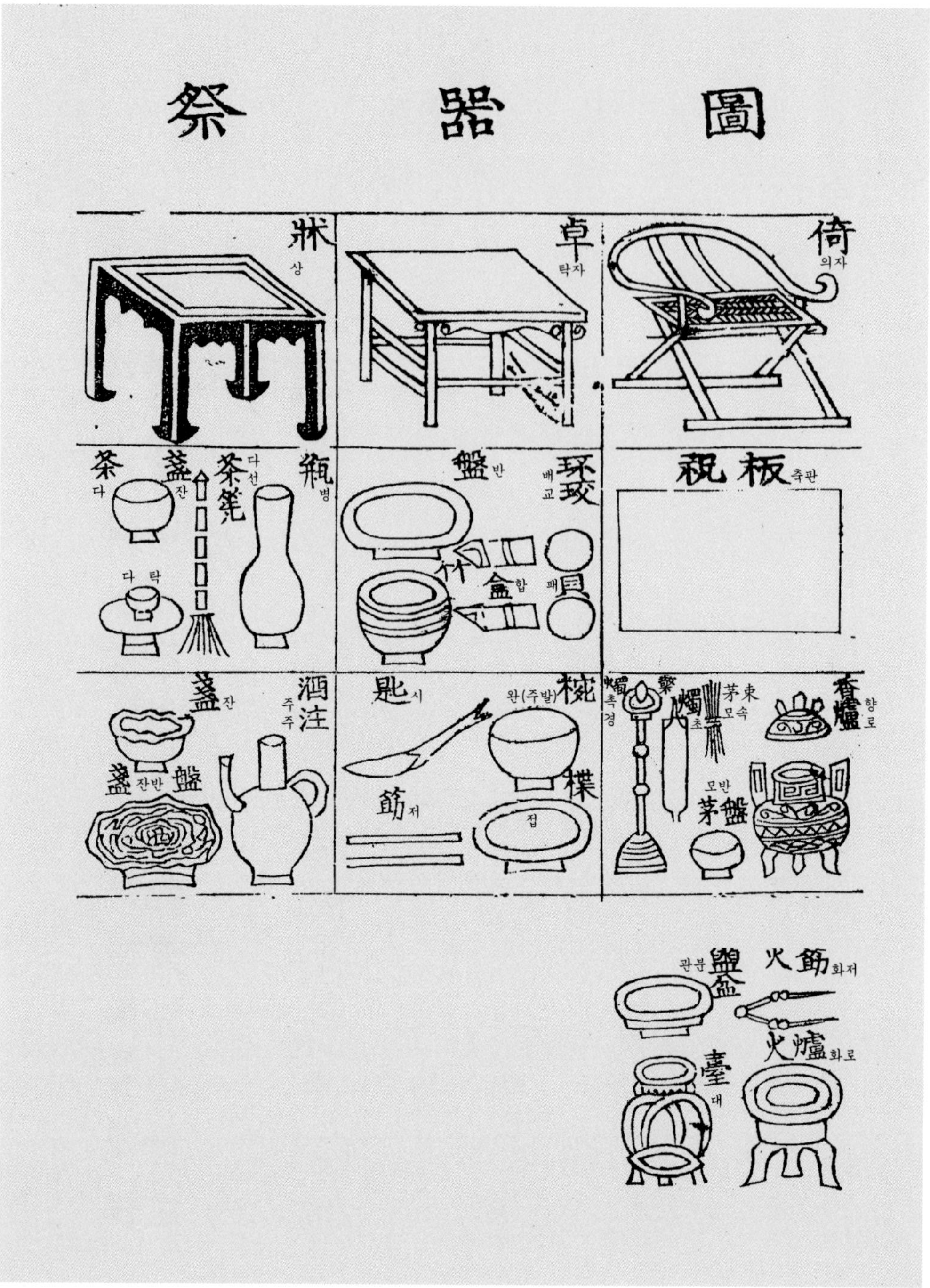
祭器圖
牀 상
卓 탁자
倚 의자
茶 다
盞 잔
茶筅 다선
甁 병
다탁
盤 반
环珓 배교
盒 합
貝 패
祝板 축판
盞 잔
酒注 주주
盞盤 잔반
匙 시
椀 완(주발)
楪 접
筯 저
燭檠 촉경
燭 초
茅束 모속
茅盤 모반
香爐 향로
盥盆 관분
火筯 화저
火爐 화로
臺 대

〈제사에 쓰이는 집기〉

다선(茶筅): 가루 차를 물에 넣어 풀 때 쓰는 도구
화저(火筯): 부 젓가락
배교(环珓): 날짜를 점치는 도구
모속(茅束): 띠풀 묶음
시(匙): 숟가락
저(筯): 젓가락
촉경(燭檠) : 촛대

날이 밝을 무렵에 주인 이하는 복장을 바꾼다
質明 主人以下變服

백색의 단령團領에 소대素帶를 착용하는데, 관직이 있으면 오사모烏紗帽에 각대角帶를 한다. 녜禰의 경우에는 각대를 베로 싸서 착용한다. 방친은 백색의 심의深衣에 흑대를 착용하고, 주부는 백색의 대의大衣에 담황색의 치마帔를 착용한다. 나머지 사람들은 모두 백의를 착용하되, 화려한 장식은 제거한다.

白團領素帶 有官則烏紗帽角帶 禰則布裹角帶 旁親則白深衣黑帶 主婦白大衣淡黃帔 餘人皆白衣 去華盛之服

사당에 가서 신주를 받들고 나와 정침으로 간다
詣祠堂 奉神主出 就正寢

녜제의 의식과 같다. 다만 고사에는 "이제 모친모관부군某親某官府君께서 돌아가신 날을 맞이하여 감히 청컨데, 신주를 정침으로 모셔가 공경히 추모의 정성을 펴려고 합니다."라고 한다. 나머지는 모두 같다.

如祭禰之儀 但告辭云 今以某親某官府君遠諱之辰 敢請神主 出就正寢 恭伸追慕 餘並同

忌日

程氏祀先凡例祖考忌日則只祭祖考及祖妣祖妣忌日則只祭祖妣及祖考仍請神主出中堂享祭餘位忌日祭同

前一日齋戒設位陳器具饌厥明夙興設蔬果酒饌如祭禰之儀

質明主人以下變服白團領白絲帶有官則烏紗帽角帶禰則布裹角帶旁親則白深衣黑帶主婦白大衣淡黃帔餘人皆白衣去華盛之服

詣祠堂奉神主

出就正寢如祭禰之儀但告詞云今以某親某官府君遠諱之辰敢請神主出就正寢恭伸追慕餘並同

參神降神進饌初獻如祭禰之儀但祝詞云歲序遷易諱日復臨追遠感時不勝永慕考妣改不勝永慕為昊天罔極旁親云諱日復臨不勝感愴若考妣則祝興主人以下哭盡哀餘並同

亞獻終獻侑食闔門啓門如祭禰之儀但不受胙

辭神納

참신 · 강신 · 진찬 · 초헌
參神 · 降神 · 進饌 · 初獻

네제의 의식과 같다. 다만 축사에는 "해가 바뀌어 휘일諱日이 다시 다가오니, 멀리 추모하는 생각과 계절의 변화에 영원히 사모하는 마음을 이기지 못합니다.歲序遷易 諱日復臨 追遠感時 不勝永慕"라고 한다. 고위와 비위일 경우에는 '불승영모不勝永慕'를 '하늘처럼 다함이 없습니다.昊天罔極.'로 고친다. 방친일 경우에는 '휘일이 다시 다가오니 슬픈 감정을 이기지 못합니다.諱日復臨 不勝感愴'라 한다. 고위와 비위의 제사일 경우에 축이 일어나면, 주인 이하는 슬픔이 다하도록 곡한다. 나머지는 모두 같다.

如祭禰之儀 但祝辭云 歲序遷易 諱日復臨 追遠感時 不勝永慕 考妣改不勝永慕 爲昊天罔極 旁親云 諱日復臨 不勝感愴 若考妣則祝興 主人以下哭盡哀 餘並同

忌日

程氏祀先凡例祖考忌日則只祭祖考及祖妣祖妣忌日則只祭祖妣及祖考仍請神主

出中堂享祭餘位忌日祭同

前一日齊戒設位陳器具饌厥明夙興設蔬果酒饌

如祭禰之儀質明主人以下變服白圓領絲帶有官則烏紗帽角帶禰則布裹角

帶旁親則白際衣黑帶主婦白大衣縗黃帔餘人皆白衣去華盛之服詣祠堂奉神主

出就正寢如祭禰之儀但告詞云今以某親某官府君遠諱之辰敢請神主出就正寢恭伸追

慕餘並同參神降神進饌初獻如祭禰之儀但祝詞云歲序遷易諱日復臨追遠感

時不勝永慕考妣改不勝永慕爲昊天罔極旁親云諱日復臨不勝感愴若考妣則祝興主人以下哭盡

哀餘並同亞獻終獻侑食闔門啓門如祭禰之儀但不受胙辭神納

아헌 · 종헌 · 유식 · 합문 · 계문
亞獻 · 終獻 · 侑食 · 闔門 · 啓門

◥

녜제의 의식과 모두 같다. 다만 제사지낸 고기를 받지 않는다.

如祭禰之儀 但不受胙

사신 · 납주 · 철
辭神 · 納主 · 徹

◥

모두 녜제의 의식과 같다. 다만 남은 제사 음식을 대접하지 않는다.

並如祭禰之儀 但不餕

程氏祀先凡例祖考忌日則只祭禰考及祖
妣祖妣忌日則只祭祖妣及祖考仍請神主
出中堂享祭餘
位忌日祭同
前一日齊戒設位陳器具饌厥明夙興設蔬果酒饌
如祭禰
之儀質明主人以下變服白圓領白帶有官則烏
月紗帽角帶禰則布裹角
帶旁親則白祭衣黑帶主婦白大衣
淡黃帔餘人皆白衣去華盛之服詣祠堂奉神主
出就正寢如祭禰之儀但告詞云今以某親某官府
君遠諱之辰敢請神主出就正寢恭伸追
慕餘
並同參神降神進饌初獻如祭禰之儀但祝詞云歲
序遷易諱日復臨追遠感
時不勝永慕考妣改不勝永慕爲昊天罔極旁親云
諱日復臨不勝感愴若考妣則祝興主人以下哭盡
哀餘
並同亞獻終獻侑食闔門啓門如祭禰之儀
但不受胙辭神納
主徹並如祭禰之
儀但不餕是日不飮酒不食肉不聽樂素服

이날은 술을 마시지 않고 고기를 먹지 않고 음악을 듣지 않고 소복과 소대를 착용하여 거처하며, 저녁에는 밖에서 잔다
是日不飮酒 不食肉 不聽樂 素服素帶以居 夕寢于外

군자에게는 종신토록 상이 있으니 기일을 일컬음이다.[19] 이날에는 사모하는 마음이 거상居喪 중일 때와 같으니, 이 때문에 남은 제사 음식을 대접하지 않는다.

君子有終身之喪 忌日之謂也 是日思慕如居喪 此所以不餕

【회재안설】『문공가례』에는 기일에 다만 한 위位만 진설한다고 하였고, 『정씨제례』에는 기일에 고비를 함께 제사지낸다고 하여, 두 선생의 예가 다르다. 대개 한 위만 진설하는 것이 바른 예이고, 고비를 함께 제사지내는 것은 인정에 근본을 둔 예이다. 만약 '죽은 사람 섬기기를 산 사람 섬기는 것 같이 한다.以事死如事生'[20]는 것과 '자리를 깔고 안석을 함께 마련한다.鋪筵設同几'[21]는 뜻으로 미루어본다면, 인정에 근본을 둔 예를 또한 그만둘 수 없을 것이다.[22]

按 文公家禮 忌日止設一位 程氏祭禮 忌日配祭考妣 二家之禮不同 蓋止設一位 禮之正也 配祭考妣禮之本於情者也 若以事死如事生 鋪筵設同几之意推之 禮之本於情者 亦有所不能已也

19 『예기(禮記)』「제의(祭義)」에 나오는 말이다.

20 죽은……한다 :『중용장구(中庸章句)』19장에 나오는 말이다.

21 같은……마련한다 :『예기』「제통(祭統)」에 나오는 말이다.

22 『국조오례의』에는 『주자가례』와 마찬가지로 "기일제에는 다만 제삿날을 당한 한 위(位)만을 정침에 설치한다."고 했다. 그러나 회재는 고비(考妣)를 함께 제사지내는 것은 인정에 근본을 둔 예이고, 예로부터 풍속이 그렇게 해왔다는 것을 근거로 합설을 인정했다. 현재에도 회재 종가에서는 고비 합설로 지낸다고 한다.

哀餘並同亞獻終獻侑食闔門啓門如祭禰之儀但不受胙辭神納

主徹並如祭禰之儀但不餕是日不飮酒不食肉不聽樂素服

素帶以居夕寢于外君子有終身之喪忌日之謂也是日思慕如居喪此所以不餕

按文公家禮忌日止設一位程氏祭禮忌日配祭考妣二家之禮不同蓋止設一位禮之正也配祭考妣禮之本於情者也若以事死如事生論之設同几之意推之禮之本於情者亦有所不能已也

墓祭

按家禮墓祭三月上旬擇日行之今世俗正朝寒食端午秋夕皆詣墓拜掃今且從俗行之可也

前一日齊戒具饌如時祭之品更設魚肉米麪食各一盤以祭后土厥明灑

掃主人時服帥執事者詣墓所再拜奉行塋域內外環繞哀省三周其有草棘則即以刀斧鉏斬芟夷

묘제
墓祭

【회재안설】『가례』에서는 묘제를 3월 상순에 날을 택하여 행한다고 하였으나, 지금 시속에서는 정월초하루와 한식 · 단오 · 추석에 모두 묘소에 가서 절하고 청소한다. 이제는 시속을 따라 행하는 것도 괜찮을 것이다.

按 家禮 墓祭三月上旬擇日行之 今世俗 正朝寒食端午秋夕 皆詣墓拜掃 今且從俗行之可也

하루 전날 재계하고 찬을 갖춘다
前一日齊戒 具饌

제품祭品은 시제時祭와 같다. 생선과 고기와 미식과 면식을 각각 하나의 쟁반에 다시 진설하여 후토后土에 제사지낸다.

如時祭之品 更設魚肉米麪食各一盤 以祭后土

이튿날 물 뿌리고 청소한다
厥明灑掃

주인은 때에 맞는 옷을 입고 집사자를 거느리고 묘소에 가서 재배한다. 묘역 내외를 빙 둘러 공손히 다니면서 슬픈 마음으로 세 바퀴 돈다. 풀과 가시나무가 있으면 곧장 칼이나 도끼나 호미로 베어 버리고 청소한다. 끝나면 자리로 돌아와서 재배한다. 또 묘소 왼편에 땅을 소제하여 후토에 제사지낸다.

主人時服 帥執事者 詣墓所 再拜 奉行塋域內外環繞 哀省三周 其有草棘 則卽以刀斧鉏 斬芟夷 灑掃

訖復位再拜 又除地於墓左 以祭后土

按文公家禮忌日止設一位然丘儀忌日配祭考妣二家之禮不同盖止設一位禮之正也配祭

考妣禮之本於情者也若以事死如事生論之設同几之意推之禮之本於情者亦有所不能已也

墓祭

按家禮墓祭三月上旬擇日行之今世俗正朝寒食端午秋夕皆詣墓拜掃今且從俗行之可也

前一日齊戒具饌 如時祭之品更設魚肉米麵食各一盤以祭后土

厥明灑掃 主人時服帥執事者詣墓所再拜奉行塋域內外環繞哀省三周其有草棘則即以刀斧鉏斬芟夷灑掃訖復位再拜又除地於墓左以祭后土

布席陳饌 用新潔席陳於墓前設饌如家祭之儀

參神降神初獻 如家祭之儀但祝詞云某親某官府君之墓節序流易時思轉切瞻掃封塋罙增感愴餘並同

亞獻終獻 並以子弟親賓為之

辭神乃徹遂祭后

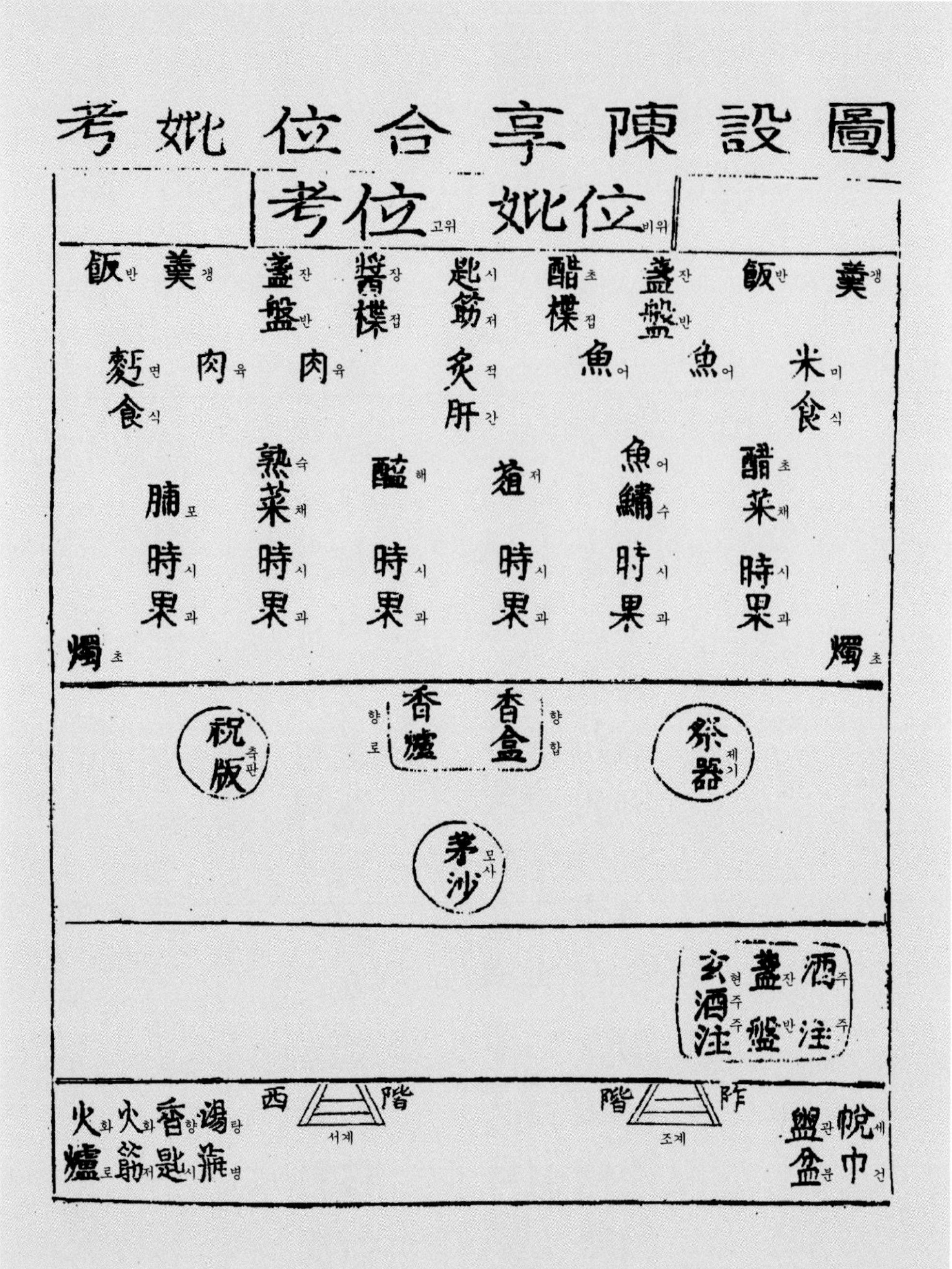
考妣位合享陳設圖
考位 고위
妣位 비위
飯 반 羹 갱 盞盤 잔반 醬楪 장접 匙筯 시저 醋楪 초접 盞盤 잔반 飯 반 羹 갱
麪食 면식 肉 육 肉 육 炙肝 적간 魚 어 魚 어 米食 미식
脯 포 熟菜 숙채 醢 해 菹 저 魚鱐 어수 醋菜 초채
時果 시과 時果 시과 時果 시과 時果 시과 時果 시과 時果 시과
燭 초 燭 초
香爐 향로 香盒 향합
祝版 축판
祭器 제기
茅沙 모사
玄酒 현주 盞盤 잔반 酒注 주주
西階 서계
阼階 조계
火爐 화로 火筯 화저 香匙 향시 湯甁 탕병
盥盆 관분 帨巾 세건

〈고비위합향진설도〉

※과일 6가지, 채소 및 포와 해 각 3가지, 생선과 고기, 미식, 면식 각 한그릇, 갱, 반 각 한주발, 간 한 건치, 구운 고기 두 건치를 올린다.

어수(漁鱐): 어포
미식(米食): 떡 종류
면식(麪食): 국수 종류
현주주(玄酒注): 정화수 주전자
향시(香匙): 향 숟가락
탕병(湯瓶): 끓인 물을 담은 병

〈고비위합향진설도〉는 俛宇 郭鍾錫의 『六禮笏記』에서 인용하여, 독자들의 이해를 돕기 위해 『봉선잡의』의 내용에 맞게 재구성한 것이다.

자리를 펴고 음식을 진설한다

布席陳饌

◥

새로 만든 깨끗한 자리를 사용하여 묘소 앞에 펴고, 제찬祭饌은 집에서 하는 제사의 의식과 같이 진설한다.

用新潔席 陳於墓前 設饌如家祭之儀

참신 · 강신 · 초헌

參神 · 降神 · 初獻

◥

집에서 하는 제사의 의식과 같다. 다만 축사는 "모친모관부군某親某官府君의 묘소에 절기가 바뀌고, 때가 되니 생각이 한층 더 깊어집니다. 묘소를 뵈옵고 청소함에 사무치는 정이 더욱 더 간절합니다."라고 한다. 나머지는 모두 같다.

如家祭之儀 但祝辭云 某親某官府君之墓 節序流易 時思轉切 瞻掃封塋 采增感愴 餘並同

按文公家禮忌日止設一位雖民祭權宜自配祭考妣二家之禮不同蓋止設一位行禮之正也配祭考妣禮之本於情者也若以事死如事生鋪設同几之意推之禮之本於情者亦有所不能已也

墓祭

按家禮墓祭三月上旬擇日行之今世俗正朝寒食端午秋夕皆詣墓拜掃今且從俗行之可也

前一日齋戒具饌如時祭之品更設魚肉米麪食各一盤以祭后土

厥明灑掃主人時服帥執事者詣墓所再拜奉行塋域內外環繞哀省三周其有草棘則以刀斧鉏斬芟夷灑掃訖復位再拜又除地於墓左以祭后土

布席陳饌用新潔席陳於墓前設饌如家祭之儀

參神降神初獻如家祭之儀但祝詞云某親某官府君之墓節序流易時思轉切瞻掃封塋罙增感愴餘並同

亞獻終獻並以子弟親朋爲之辭神乃徹遂祭后

아헌 · 종헌
亞獻 · 終獻

모두 자제와 친붕親朋[23]이 올린다.

並以子弟親朋薦之

사신하고 철상한다. 그대로 후토에 제사지내는데, 자리를 깔고 음식을 진설하고 강신 · 참신 · 삼헌을 한다
辭神乃徹 遂祭后土 布席陳饌 降神 · 參神 · 三獻

축사는 "모관 아무개는 감히 후토씨의 신에게 밝게 고하나이다. 모가 삼가 모친모관부군某親某官府君의 묘소에 세사歲事를 거행하였는데, 때때로 보우하심은 실로 신의 은덕인지라, 감히 술과 음식을 경건히 펼쳐 올리오니, 흠향하소서."라고 한다.

祝辭云 某官姓名 敢昭告于后土氏之神 某恭修歲事于某親某官府君之墓 惟時保佑 實賴神休 敢以酒饌 敬伸奠獻 尙饗

23 친붕(親朋) : 복(服)이 없는 친족과 빈객. 『상변통고(常變通攷)』「가례고의(家禮考疑)」의 '친족과 빈객에게 올리게 한다(親朋薦之).'는 조목에서 "당본(唐本)에는 '붕(朋)'이 '빈(賓)'으로, '천(薦)'이 '위(爲)'로 되어 있다."고 하였다.

掃封塋冞增感愴餘並同亞獻終獻並以子弟親賓爲之辭神乃徹遂祭后

土布席陳饌降神參神三獻祝辭云某官姓名敢昭告于后土氏之神某恭脩歲事于某親某官府君之墓維時保佑實賴神休敢以酒饌敬伸奠獻尚饗

辭神乃徹退

朱子曰祭儀以墓祭節祀爲不可然先正皆言墓祭不害義理又節物所尚古人未有故止於時祭今人時節隨俗宴飮各以其物祖考生存之日蓋嘗用之今子孫不廢此而能恝然於祖宗乎○祭祀之禮亦只得依本子做誠敬之外別未有着力處也○嘗言戒子云比見墓祭土神之禮全然減

사신하고 철상하고 물러난다

辭神乃徹而退

주자가 말하였다.

"'제사 의식에 있어서 묘제와 명절제사는 불가하다고 하지만'[24] 선정先正들은 모두 '묘제를 지내는 것은 의리에 해롭지 않다.'고 하였고, 또 제철 생산물을 숭상하는 것이 고인들에게는 없었기 때문에 시제를 지내는 데 그쳤던 것이다. 요즘 사람들은 시절마다 풍속에 따라 각각 제철의 생산물을 차려 잔치하며 마시는데, 할아버지와 아버지가 생존했을 때 대개 사용했던 것들이다. 이제 자손들이 이것을 폐하지 않으면서 어찌 조종祖宗에게 무심할 수 있겠는가?"

朱子曰 祭儀以墓祭節祀爲不可 然先正皆言 墓祭不害義理 又節物所尙 古人未有 故止於時祭 今人時節隨俗燕飮 各以其物 祖考生存之日 蓋嘗用之 今子孫不廢此 而能恝然於祖宗乎

제사지내는 예는 또한 근본에 의거하여 정성과 공경을 다할 뿐, 그 외에 따로 힘쓸 부분은 없다.

祭祀之禮 亦只得依本子 做誠敬之外 別未有着力處也.

24 『회암집(晦庵集)』권43, 답임택지서(答林擇之書). 장경부[張敬夫(南軒 張式)]가 제사 의식에 대한 견해를 말하면서 묘제(墓祭)와 절사(節祀)가 불가하다고 한 데 대하여 주자가 반대 의견을 말한 것.

일찍이 자식들을 경계하기 위해 보낸 글에서 말하였다.

"근래 묘제에서 토신土神에게 제사지내는 예를 보니 아주 멸렬하여 나는 매우 두렵다. 이미 선공先公의 체백體魄을 산림에 맡겼는데, 그것을 주관하는 신에 대한 제사가 어찌 이와 같아서야 되겠느냐? 지금 이후로는 묘소 앞에 진설하는 것과 똑같이 채소와 과일과 젓갈鮓과 포脯와 반飯과 차茶와 탕湯을 각각 한 그릇씩 진설하여 내가 어버이를 편안케 모시고 신을 섬기는 뜻을 다하여 차등을 두지 말거라."

嘗書戒子云 比見墓祭土神之禮 全然滅裂 吾甚懼焉 既爲先公托體山林 而祀其主者 豈可如此 今後 可與墓前一樣 菜果鮓脯飯茶湯 各一器 以盡吾寧親事神之意 勿令其有隆殺

무릇 사람이 죽은 뒤에 시신을 들판 가운데 장사지내면 세상과 떨어져 있게 된다. 효자가 추모하는 마음이 어찌 다함이 있겠는가마는, 추위와 더위가 바뀌는 때가 되면 감회가 더욱 더하니, 분묘를 살피고 배알함으로써 계절에 따라 추모하고 공경하는 마음을 나타냄이 마땅하다. 무릇 제사 음식은 또한 집안의 살림살이에 걸맞게 할 것이니, 풍성하게 차리는 것은 중요하지 않고 정결하게 하고 정성을 다함이 중요하다. 죽은 이 섬기기를 산 사람 섬기듯 하여 제사지낼 때 공경을 다하는 이 마음이 항상 조종에게 있으면 조종이 양양洋洋히 계시듯 하리니, 어찌 나의 정성에 감동하여 나의 제사를 흠향하지 않겠는가?

夫人死之後 葬形於原野之中 與世隔絶 孝子追慕之心 何有限極 當寒暑變移之際 益用增感 是宜省謁墳墓 以寓時思之敬 凡祭祀品味 亦稱人家貧富 不貴豊腆 貴在修潔罄極誠慤而已 事亡如事存 祭祀之時 此心致敬 常在乎祖宗 而祖宗洋洋如在 安得不格我之誠而歆我之祀乎?

可如此令後可與墓前一樣菜果鮓脯飯茶湯各一器以盡吾寧親事神之意勿令其有隆殺○夫人死之後葬形於原野之中與世隔絕孝子追慕之心何有限極當寒暑變移之際益用增感是宜省謁墳墓以寓時思之敬凡祭祀品味亦稱人家貧富不貴豐腆貴在修潔罄極誠慤而已事亡如事存祭祀之時此心致敬常在乎祖宗而祖宗洋洋如在安得不格我之誠而歆我之祀乎

土布席陳饌降神參神三獻祝辭云某官姓名敢昭告于后土氏之神某恭脩歲事于某親某官府君之墓維時保佑實賴神休敢以酒饌敬伸奠獻尚饗

辭神乃徹退

朱子曰祭儀以墓祭節祀爲不可然先正皆言墓祭不害義理又節物所尚古人未有故止於時祭今人時節隨俗宴飮各以其物祖考生存之日蓋嘗用之今子孫不廢此而能恝然於祖宗乎○祭祀之禮亦只得依本子做誠敬之外別未有着力處也○嘗言戒子云比見墓祭土神之禮全然滅裂吾甚懼焉旣爲先公托體山林而祀其主者豈

대제
오방색 편

이월 스무이틀 정경부인 기일

작은 설 지난 들에 납실납실한 참쑥
소쿠리 째 뜯어다가
쑥털털이 쑥구리 쑥단자 빚으면
조석으로 샘내던 찬 기운
쑥향에 밀려나고

제관들 손에 손에 들린 봄 봉송
향기 풍기며 대처로 나아가고

동짓달 스무이틀 회재할배 기일

갓 가을걷이 끝낸 미곡에
오방색 덧분을 바른
노랑 본편 붉은 무떡 백절편 청인절미 흰부편 청단자
켜켜이 쌓아 올리면
국화전 편대를 고루 싸고 부북하고
검붉은 작과편 조약이 상석 지키며

흠향 시간 기다리네

회재 17대 종부 신순임 씀
-『양동 물봉골 이야기』 中

봉선잡의 — 下

『예기禮記』「제의祭義」

「제의祭義」에서 말하였다.

“서리와 이슬이 내리면 군자는 이것을 밟고 반드시 서글픈 마음을 갖는다. 추워서 그런 것이 아니다. 봄에 비와 이슬이 내리면 군자는 이것을 밟고 반드시 숙연한 마음을 갖는다. 장차 뵐 것 같아서이다. 즐거운 마음으로 오는 것을 맞이하고, 슬픈 마음으로 가는 것을 보내기 때문에 약제禘祭에는 음악이 있고 상제嘗祭에는 음악이 없다.”

祭義曰 霜露旣降 君子履之 必有悽愴之心 非其寒之謂也 春雨露旣濡 君子履之 必有怵惕之心 如將見之 樂以迎來 哀以送往 故禘有樂而嘗無樂

천자와 제후의 종묘 제사는 봄 제사를 약礿이라 하고, 여름 제사를 약禘이라 하고, 가을 제사를 상嘗이라 하고, 겨울 제사를 증烝이라고 한다.[1·2] 약제禘祭에는 음악이 있고, 상제嘗祭에는 음악이 없다. ‘체禘’는 ‘약禴’이라 읽는다.

天子諸侯宗廟之祭 春礿夏禘秋嘗冬烝 饗禘有樂而於嘗無樂 禘讀爲禴

정씨[3]가 말하였다.

“오는 것을 맞이하면서 즐거워하는 것은 부모가 장차 오기 때문에 즐거워하는 것이고, 가는 것을 전송하면서 슬퍼하는 것은 흠향의 여부를 알 수 없어서 슬퍼하는 것이다.”

鄭氏曰 迎來而樂 樂親之將來也 送去而哀 哀其享否不可知也

1 『예기』「왕제」의 진호 주.

2 『춘추공양전』에는 春曰祠 夏曰礿 秋曰嘗 冬曰烝라 하였다.

3 정씨(鄭氏;127~200): 정현(鄭玄), 자는 강성(康成)이다. 동한 말기의 경학자로 고밀(高密) 출신이다. 마융(馬融)에게 배워 학문을 크게 이루었다. 『역경(易經)』, 『시경(詩經)』, 『서경(書經)』, 『의례(儀禮)』, 『주례(周禮)』, 『예기(禮記)』, 『논어(論語)』, 『효경(孝經)』 등을 역주(譯註)했다.

방씨[4]가 말하였다.

"비와 이슬에 대해 봄이라고 하였으니, 서리와 이슬은 가을이 됨을 알 수 있다. 서리와 이슬이 추위를 말한 것이 아니라고 하였으니, 비와 이슬이 따뜻함을 말한 것이 아니다. 비와 이슬이 내리면 장차 뵐 듯 여긴다고 하였으니, 서리와 이슬이 내리면 장차 그것을 잃은 것처럼 여김이다. 대개 봄과 여름의 제사는 오는 것을 맞이하기 위함이고, 가을과 겨울의 제사는 가는 것을 보내기 위함이다."

方氏曰 於雨露 言春 則知霜露之爲秋矣 霜露 言非其寒 則雨露 爲非其溫之謂矣 雨露 言如將見之 則霜露 爲如將失之矣 蓋春夏 所以迎其來 秋冬 所以送其往也

황씨[5]가 말하였다.

"비와 이슬이 내리면 만물은 양기를 받아 살아나고, 서리와 이슬이 내리면 만물은 음기를 받아 죽는다. 만물이 생겨날 때에 군자는 차마 그 부모가 완전히 죽었다고 여기지 못하고, 또한 만물과 함께 살아서 올 것이라 생각하기 때문에 즐겁게 맞이하는 것이다. 만물이 죽을 때에 군자는 감히 그 부모가 완전히 살았다고 여기지 못하고, 또한 만물과 함께 가버릴 것이라 생각하기 때문에 슬프게 보내는 것이다. 효자의 제사에, 가는 것을 보내며 슬퍼하되 즐거움에 미치지 못함이 있으면 이것을 일컬어 '불인弗仁'이라 하고, 오는 것을 맞이하며 즐거워하되 슬퍼함에 미치지 못함이 있으면 이것을 일컬어 '불지弗智'라 한다."

黃氏曰 雨露旣濡 則萬物德陽以生 霜露旣降 則萬物感陰以死 萬物以生之時 君子不忍 致死於其親 且謂其與物而來矣 故樂以迎之 萬物以死之時 君子不敢致生於其親 且謂其與物而往矣 故哀以送之 孝子之祭 有送往之哀 而不及樂 是謂弗仁 有迎來之樂 而不及哀 是謂弗智

4 방씨(方氏): 엄릉방씨(嚴陵方氏), 이름은 각(慤), 자는 성부(性夫), 송나라 동려(桐廬) 사람. 선화(宣和)의 진사로 벼슬은 예부시랑을 지냈다. 저서에 『예기집해(禮記集解)』가 있다.

5 황씨(黃氏;1044~1130): 연평황상(延平黃裳), 북송 말기의 학자로 자는 면중(冕仲) 남검주(南劍州) 검포현(劍浦縣) 사람이다.

露既濡則萬物感陽以生霜露既降則萬物感陰
以死萬物以生之時君子不忍致死於其親且謂
其與物而來矣故樂以迎之萬物以死之時君子
不敢致生於其親且謂其與物而往矣故哀以送
之孝子之祭有送往之哀而不及樂是謂弗仁有
迎來之樂而不及哀是謂弗智

祭統曰及時將祭君子乃齊齊之爲言齊也齊不齊
以致齊者也及其將齊也防其邪物訖其嗜欲耳不
聽樂故記曰齊者不樂言不敢散其志也心不苟慮
必依於道手足不苟動必依於禮是故君子之齊也

奉先雜儀卷之下

祭義曰霜露既降君子履之必有悽愴之心非其寒之謂也春雨露既濡君子履之必有怵惕之心如將見之樂以迎來哀以送往故禘有樂而嘗無樂天子諸侯宗廟之祭春礿夏禘秋嘗冬烝饗禘有樂而祫嘗無樂禘讀爲禴

鄭氏曰迎來而樂樂親之將來也送去而哀哀其享否不可知也○方氏曰於雨露言春則知霜露之爲秋矣霜露言非其寒則雨露爲非其溫之謂矣雨露言如將見之則霜露爲如將失之矣蓋春夏所以迎其來秋冬所以送其往也○黃氏曰雨

『예기禮記』「제통祭統」

「제통祭統」에서 말하였다.

"때가 되어 제사지내려 하면 군자는 곧 재계齊戒하니, 재계란 가지런히 함을 말한다. 가지런하지 않은 것을 가지런히 해서 가지런함을 이룸이다. 장차 재계하게 되면 그 사물邪物을 막고 그 기욕嗜欲을 끊으며 귀로 음악을 듣지 않는다. 그러므로『예기』「곡례」에 이르기를 '재계하는 사람은 음악을 듣지 않는다.'[6]고 하였으니, 감히 그 뜻을 산만하게 할수 없음을 말한 것이다. 마음속으로는 구차한 생각을 하지 않고 반드시 도道에 의지하고, 수족을 구차하게 움직이지 않아 반드시 예禮에 의지한다. 이런 까닭에 군자가 재계함에는 오로지 그 정명精明의 덕을 극진히 하는 것이다. 그러므로 7일 동안 산재散齊하여 이를 바로잡고, 3일 동안 치재致齊하여 이를 가지런히 한다. 이를 바로잡는 것을 재齊라고 하니, 재라는 것은 정명의 지극함이다. 그런 뒤라야 신명과 접할 수 있다."

祭統曰 及時將祭 君子乃齊 齊之爲言齊也 齊不齊以致齊者也 及其將齊也 防其邪物 訖其嗜欲 耳不聽樂 故記曰 齊者不樂 言不敢散其志也 心不苟慮 必依於道 手足不苟動 必依於禮 是故君子之齊也 專致其精明之德也 故散齊七日以定之 致齊三日以齊之 定之之謂齊 齊者精明之至也 然後可以交於神明也

'물物'은 '사事'와 같다. '구차하게 생각하지 않고' '구차하게 움직이지 않는' 것이 모두 이른바 '막는 것'이다.

物猶事也 不苟慮 不苟動 皆所謂防也

6 재계하는……않는다.: 『예기』「곡례 상(曲禮上)」에 나오는 말이다.

방씨가 말하였다.

“대저 재계는 한결같이 극진히 함이다. 극진히 하면 가지런하지 않은 것이 가지런하게 된다. 재계는 진실로 귀로 음악을 듣지 않는 데서 그치지 않는다. 그러나 음악이라는 것은 사람이 즐기는 것인지라, 그 뜻을 산만하게 함이 특히 음악에 있기 때문이다. 사물에 의하여 둘로 나누어지지 않기 때문에 그 덕이 정밀하고, 사물에 의하여 엄폐되지 않기 때문에 그 덕이 밝다. 극진히 함은 그 지극함을 다할 따름이다. 정밀함이 극진하기 때문에 제사를 지내는 의意와 지志가 정밀하게 된다. 밝음이 극진하기 때문에 제사를 지내는 도리에 있어서 인禋과 향享이 밝게 된다. 마음 속에 기욕 따위를 구차하게 막거나 생각하지 않는다면 그 안을 재계하는 것이다. 만약 손과 발이 사특한 물건 따위에 구차스럽게 움직이거나 방어하지 않는다면 그 밖을 재계하는 것이다.

대저 흩어진 것을 모으면 한결같이 안정된 데로 귀결되므로 산재 7일로 정하였다. 그 극진함을 다하면 애초에 가지런하지 않음이 없기 때문에 3일 치재하여 재계 한다. 안정은 외면을 안정시킴을 말함이고, 가지런히 함은 내면을 가지런히 함을 말함이다.

方氏曰 夫齊所以致一 致一則不齊者齊矣 齊固不止於耳不聽樂 然樂者人之所樂也 則所以散其志 尤在於樂故也 不爲物所貳 故其德精 不爲物所蔽 故其德明 致者 致其至而已 精之至矣 故於祭之心 則爲精意 精志明之至矣 故於祭之道 則爲明禋明享焉 心不苟慮與訖其嗜欲之類 則所以齊其內也 若手足不苟動與防其邪物之類 則所以齊其外也 夫散者集之 則一歸乎定 故散齊七日 以定之 致其至焉 則未始不齊 故致齊三日 以齊之 定言定於外 齊言齊其內

物所薦故其德明致者致其至而已精之至矣故
於祭之心則爲精意精志明之至矣故於祭之道
則爲明禋明享焉心不苟慮與訖其嗜欲之類則
所以齊其內也若手足不苟動與防其邪物之類
則所以齊其外也夫散者集之則一歸乎定故散
齊七日以定之致其至焉則未始不齊故致齊三
日以齊之定言定於外齊言齊其內
祭義曰致齊於內散齊於外齊之日思其居處思其
笑語思其志意思其所樂思其所嗜齊三日乃見其
所爲齊者 先思其粗衛思其精故 居處在前樂嗜居後

祭統曰及時將祭君子乃齊齊之爲言齊也齊不齊以致齊者也及其將齊也防其邪物訖其嗜欲耳不聽樂故記曰齊者不樂言不敢散其志也心不苟慮必依於道手足不苟動必依於禮是故君子之齊也專致其精明之德也故散齊七日以定之致齊三日以齊之定之之謂齊齊者精明之至也然後可以交於神明也(物猶事也不苟慮不苟動皆所謂防也)

方氏曰夫齊所以致一致一則不齊者齊矣齊固不止於耳不聽樂然樂者人之所樂也則所以散其志在於樂故也不爲物所貳故其德精不爲

『예기禮記』「제의祭義」

「제의」에서 말하였다.

"안으로 치재를 하고 밖으로 산재를 하되, 재계하는 날에는 그분의 거처를 생각하고, 그분의 웃음과 말씀을 생각하며, 그분이 뜻하던 것을 생각하며, 그분이 좋아하던 것을 생각하며, 그분이 즐기던 것을 생각한다. 재계 3일이면 그 재계하는 대상이 보이는 듯하다."

祭義曰 致齊於內 散齊於外 齊之日 思其居處 思其笑語 思其志意 思其所樂 思其所嗜 齊三日 乃見其所爲齊者

먼저 그 대강을 생각하고 점점 그 미세한 부분을 생각하기 때문에 거처가 앞에 있고 즐기고 좋아한 것이 뒤에 있다.

先思其粗 漸思其精 故居處在前 樂嗜居後

방씨가 말하였다.

"안으로 치재를 함은 그 마음을 삼가는 것이요, 밖으로 산재를 함은 그 사물邪物을 막는 것이다. 산재는 예컨대 이른바 '술을 마시지 않고 냄새나는 채소를 먹지 않는' 따위이다. 재계 3일은 치재만 할 따름이니, 반드시 치재를 한 뒤라야 그 재계하는 대상을 보게 되는것은 생각이 지극하기 때문이다."

方氏曰 齊於內 所以愼其心 齊於外 所以防其物 散齊 若所謂不欲酒不茹葷之類 齊三日則致齊而已 必致齊然後 見其所爲齊者 思之至故也

모용씨[7]가 말하였다.

"마음의 직분은 생각하는 일인데, 생각이 지극하면 통하지 않는 것이 없다. 욕심과 악심, 슬픔과 즐거움으로 그 마음을 나누지 않고 그 제사지내는 대상에게 온 마음을 다하기 때문에 형체가 없는 가운데서도 보면 보이는 것이 있고 소리가 없는 가운데서도 들으면 들리는 것이 있다. 이는 모두 그 생각이 통하기 때문이다. 부모의 거처와 웃음과 말씀과 뜻과 생각과 즐거워하시고 즐기시는 것은 한 번 가면 다시 돌아오지 않으니, 실체가 있는 것이 아니다. 어찌 형체로 접촉할 수 있겠는가? 생각이 지극하기에 통할 수 있는 것이다. 3일 동안 재계하면 그 재계하는 대상이 보인다는 것은 생각이 지극한 자는 마치 그가 살아 있음을 보는 듯 함이다. 은미한 것이 드러난다는 것과, 정성은 가릴 수 없다는 것이 이와 같다."

慕容氏曰 心之官曰思 思有所至 則無所不達 夫不以欲惡哀樂二其心 而致一於其所祭 故無形之中 視有所見 無聲之中 聽有所聞 皆其思之所能達 親之居處笑語志意樂嗜 往而不反 非有實也 夫豈形體之所能交哉 思之所至 足以通之矣 齊之三日 乃見其所爲齊者 言思之至者如見其存 微之顯 誠之不可揜也如此

7 비릉모용씨(毗陵慕容氏); 모용언달(慕容顔達).

夫豈形體之所能交哉思之所至足以通之矣齋
之三日乃見其所爲齋者言思之至者如見其存
微之顯誠之不可揜也如此

祭之日入室僾然必有見乎其位周還出戶肅然必
有聞乎其容聲出戶而聽愾然必有聞乎其歎息之
聲入室入廟室也僾然彷彿之貌見乎其位如見親之在神位也容聲擧動容止之聲也愾然太息之
聲也

張子曰僾然見乎其位愾然聞乎其歎息齋之至
則祭之日自然如此(○)馬氏曰入廟而升堂則僾
然見乎其位蕭腥而出戶則肅然必有聞乎其容

祭義曰致齊於內散齊於外齊之日思其居處思其笑語思其志意思其所樂思其所嗜齊三日乃見其所爲齊者(先思其粗漸思其精故居處在前樂嗜居後)

方氏曰齊於內所以愼其心齊於外所以防其物散齊若所謂不飮酒不茹葷之類齊三日則致齊而已必致齊然後見其所爲齊者思之至故也○慕容氏曰思之官曰思思有所至則無所不達夫一不以欲思哀樂二其心而致一於其所祭故無形之中視有所見無聲之中聽有所聞皆其思之所能達親之居處笑語志意樂嗜徃而不反非有實也

『예기禮記』「제의祭義」

제사지내는 날에 사당에 들어가면 흡사 꼭 그 자리에 보이는 것 같고, 돌아서 문으로 나오면 숙연히 꼭 움직이는 소리가 들리는 것 같고, 문을 나가서 들으면 '휴' 하고 꼭 탄식하는 소리가 들리는 것과 같다.

祭之日 入室 僾然必有見乎其位 周還出戶 肅然必有聞乎其容聲 出戶而聽 愾然必有聞乎其歎息之聲

실에 들어감은 사당의 실내에 들어가는 것이다. 애연僾然은 비슷한 모습이다. 그 자리에 보이는 것 같다는 것은 마치 부모가 신위에 계시는 것 같다는 말이다. 용성容聲은 움직이고 멈추는 소리이다. 개연愾然은 크게 탄식하는 소리이다.

入室 入廟室也 僾然 彷彿之貌 見乎其位 如見親之在神位也 容聲 擧動容止之聲也 愾然 太息之聲也

장자[8]가 말하였다.

"'흡사 그 자리에 보이는 것 같고, '휴' 탄식하는 소리가 들리는 듯하다.'고 하였으니, 재계가 지극하면 제사지내는 날에 자연히 이와 같을 것이다."

張子曰 僾然見乎其位 愾然聞乎其歎息 齊之至 則祭之日 自然如此

8 장자(張子;1020~1077): 장재(張載), 자는 자후(子厚), 호는 횡거(橫渠)이다. 그의 학문은 역(易)을 종(宗)으로 하고, 『중용(中庸)』을 적(的)으로 하고, 예(禮)를 체(體)로 하여 공맹(孔孟)의 학을 최고로 삼았으며, 우주의 본체를 태허(太虛)라고 하였다. 저서에 『동명(東銘)』, 『서명(西銘)』, 『역설(易說)』 등이 있다.

마씨[9]가 말하였다.

“사당에 들어가서 당에 오르면 흡사 그 자리에 보이는 것 같고, 희생을 올리고 문을 나오면 숙연히 꼭 움직이는 소리가 들리는것 같고, 천薦을 끝내고 문을 나와 들어보면 ‘휴’하고 꼭 탄식하는 소리가 들리는 것 같다는 것은, 이는 제사지내는 순서이다. ‘애연僾然’은 그 모습을 말하고, ‘숙연肅然’은 그 용모를 말하고, ‘개연愾然’은 그 숨소리를 말한다.”

馬氏曰 入廟而升堂 則僾然見乎其位 薦腥而出戶 則肅然必有聞乎其容聲 已薦出戶而聽 則愾然必有聞乎其嘆息之聲 此祭之序也 僾然言其貌 肅然言其容 愾然言其氣

9 마씨(馬氏): 마단림(馬端臨), 자는 귀여(貴與), 송나라 낙평(樂平)사람. 벼슬은 승사랑(承事郎)을 지냈다. 저서에 『문헌통고(文獻通考)』, 『대학집전(大學集傳)』, 『다식록(多識錄)』 등이 있다.

聲已爲出户而聽則愾然必有聞乎其嘆息之聲
此祭之序也僾然言其貌肅然言其容愾然言其
氣

是故先王之孝也色不忘乎目聲不絶乎耳心志嗜
欲不忘乎心致愛則存致慤則著著存不忘乎心夫
安得不敬乎君子生則敬養死則敬享思終身弗辱
也致愛極其愛親之心也致慤極其敬親之誠也存以上文三者不忘而言著以上文見乎其位以下
以欲惡哀樂二其心而致一於其所祭故無形之
中視有所見無聲之中聽有所聞皆其思之所能
達親之居處笑語志意樂嗜往而不反非有實也

夫豈形體之所能交哉思之所至足以通之矣齊
之三日乃見其所爲齊者言思之至者如見其存
微之顯誠之不可揜也如此

祭之日入室僾然必有見乎其位周還出戶肅然必
有聞乎其容聲出戶而聽愾然必有聞乎其歎息之
聲入室入廟室也僾然彷彿之貌見乎其位如見親之在神位也容聲擧動容止之聲也愾然太息之聲也

張子曰僾然見乎其位愾然聞乎其歎息齊之至
則祭之日自然如此○馬氏曰入廟而升堂則僾
然見乎其位薦腥而出戶則肅然必有聞乎其容

『예기禮記』「제의祭義」

이 때문에 선왕의 효도는 모습을 눈에서 잊지 않고, 음성은 귀에서 끊이지 않으며, 그분의 생각과 좋아하는 것을 마음에서 잊지 않는 것이다. 사랑을 극진히 하면 존재하는 듯 하고, 정성을 다하면 나타나는 듯 하다. 존재하고 나타남을 마음에서 잊지 않거늘 어찌 공경하지 않을 수 있겠는가? 군자는 살아계실 때는 공경히 봉양하고, 돌아가셨을 때는 공경히 제사지내어, 종신토록 욕되게 하지 않을 것을 생각한다.

是故先王之孝也 色不忘乎目 聲不絶乎耳 心志嗜欲 不忘乎心 致愛則存 致慤則著 著存不忘乎心 夫安得不敬乎 君子生則敬養 死則敬享 思終身弗辱也

사랑을 다한다는 것은 부모를 사랑하는 마음을 지극히 하는 것이요, 정성을 다한다는 것은 부모를 공경하는 정성을 지극히 하는 것이다. '간직된다'는 것은 윗글의 3가지[10]를 잊지 않음을 말함이요, '나타난다'는 것은 윗글의 '그 자리에 보이는 듯하다' 이하의 3가지[11]를 가지고 말함이다. 공경하지 않으면 봉양과 제사가 다만 부모를 욕되게 하는 것일 뿐이다.

致愛 極其愛親之心也 致慤 極其敬親之誠也 存以上文三者不忘而言 著以上文見乎其位以下三者而言 不能敬則養與享 祇以辱親而已

10 간직할 것 3가지: ①부모의 모습을 눈에서 잊지 않음, ②부모의 소리를 귀에서 끊지 않음, ③부모의 생각과 좋아하는 것을 마음에서 잊지 않음.

11 나타나는 것 3가지: ①부모의 모습이 흡사 꼭 그 자리에 보이는 것 같음, ②숙연히 부모의 움직이고 멈추는 소리가 꼭 들리는 것 같음, ③'휴' 하고 탄식하는 부모의 소리가 꼭 들리는 것 같음.

방씨가 말하였다.

"'모습이 눈에서 잊혀지지 않는다.'는 것은 항상 돌아가신 분의 얼굴을 뵙는 것과 같이 하는 것이고, '음성이 귀에서 끊어지지 않는다.'는 것은 항상 말씀을 주의 깊게 듣는 것과 같이 하는 것이다. 사랑한다는 것은 추념하는 생각을 말하는 것이고, 정성스럽다는 것은 그리워 하는 정성을 말하는 것이다. 그 사랑을 지극히 하면 부모가 비록 죽었어도 여전히 간직되고, 그 정성을 지극히 하면 신神이 비록 희미하지만 여전히 나타난다. 공자가 '선조에게 제사지낼 때는 앞에 계신 듯이 하고, 신에게 제사지낼 때는 신이 있는 듯이 한다.'고 말한 것이 이것을 말함이 아니겠는가?"

方氏曰 色不忘乎目 常若承顔之際也 聲不絶乎耳 常若聽命之際也 愛言追念之思 愨言想見之誠 致其愛矣 親雖亡而猶存 致其愨矣 神雖微而猶著 孔子曰 祭如在 祭神如神在 非謂是歟

誠致其愛矣親雖亡而猶存致其慤矣神雖微而猶著孔子曰祭如在祭神如神在非謂是歟○輔氏曰天地之性人爲貴人之行莫大於孝乃人之心也先王能存其心故父母之容色自不忘於目父母之聲音自不絶於耳父母之心志嗜欲自不忘乎心此固非勉強矯拂之所能然也亦致吾心之愛與敬而已故曰致愛則存致慤則著愛則心以欲惡哀樂一其心而致一於其所祭故無形之中視有所見無聲之中聽有所聞皆其思之所能達親之居處笑語志意樂嗜徃而不反非有實也

聲已爲出户而聽則愾然必有聞乎其嘆息之聲此祭之序也僾然言其貌肅然言其容愾然言其氣

是故先王之孝也色不忘乎目聲不絶乎耳心志嗜欲不忘乎心致愛則存致慤則著著存不忘乎心夫安得不敬乎君子生則敬養死則敬享思終身弗辱也

致愛極其愛親之心也致慤極其敬親之誠也存以上文三者不忘而言著以上文見乎其位以下三者而言不能敬則養與享祗以辱親而已

方氏曰色不忘乎目常若承顔之際也聲不絶乎耳常若聽命之際也愛言追念之思慤言想見之

보씨[12]가 말하였다.

"천지 사이의 성품 중에 사람이 가장 귀하고 사람의 행실 가운데 효도보다 더 큰 것이 없으니, 바로 사람의 마음이다. 선왕은 그 마음을 간직할 수 있었기 때문에 부모의 몸가짐과 안색을 저절로 눈에서 잊을 수 없었고, 부모의 음성을 저절로 귀에서 끊을 수 없었으며, 부모의 생각과 좋아하는 것을 저절로 마음에서 잊지 못했던 것이다. 이것은 진실로 억지로 힘쓰거나 바로잡는다고 해서 그럴 수 있는 것이 아니니, 또한 내 마음의 사랑과 공경을 극진히 할 뿐이다. 그러므로 '사랑을 다하면 간직되고, 정성을 다하면 나타난다.' 고 하였으니, 사랑은 마음이기 때문에 '간직된다' 고 하였고, 정성은 성실함이기 때문에 '나타난다' 고 하였다. 간직됨은 비록 안에 간직하는 것이고 나타남은 비록 밖에 나타나는 것인 듯하지만, 참으로 안과 밖으로 나누어 말할 수 없는 것이다. 그러므로 '간직되고 나타남을 마음에서 잊지 않는다.' 고 끝을 맺었다. 간직되고 나타남을 마음에서 잊지 않으면, 양양하게 위에 있는 듯하고 좌우에 있는 듯하여 헤아릴 수 없거늘 하물며 싫어하여, 어찌 공경하지 않을 수 있겠는가?"

輔氏曰 天地之性 人爲貴 人之行 莫大於孝 乃人之心也 先王能存其心 故父母之容色 自不忘於目 父母之聲音 自不絶於耳 父母之心志嗜欲 自不忘乎心 此固非勉强矯拂之所能然也 亦致吾心之愛與敬而已 故曰 致愛則存 致慤則著 愛則心也 故曰存 慤則誠也 故曰著 存雖若存於內 著雖若著於外 然誠不可以內外言 故終之以著存不忘於心 著存不忘乎心 則洋洋乎如在其上 如在其左右 不可度思 矧可射思 夫安得不敬乎

12 경원보씨(慶源輔氏): 이름은 광(廣), 자는 한경(漢卿), 호는 잠암(潛菴), 송나라 사람이다. 당시 사람들은 부이선생(傅貽先生)이라 일컬었다. 여조겸과 주희에게 사사(師事)했다. 저서에 『사서찬소(四書纂疏)』, 『육경집해(六經集解)』 등이 있다.

또 말하였다.

"한 순간이라도 공경하지 않으면 이치가 끊어지니, 이치가 끊어지면 부모를 욕되게 하는 것이다. 그러므로 살아계실 때는 공경히 봉양하고 돌아가셨을 때는 공경히 제사지낸다. 이는 곧 종신토록 욕되게 하지 않을 것을 생각하는 것이다."

又曰 一息不敬 則絶于理 絶于理 則辱其親矣 故生則敬養 死則敬享 是乃思終身弗辱也

一息不敬則絶于理絶于理則辱其親矣故生則
敬養死則敬享是乃思終身弗辱也

孝子將祭慮事不可以不豫比時具物不可以不備
虛中以治之比時及時也謂當行禮之時具物陳設器皿之屬虛中清明在躬心無雜念也
輔氏曰事不可以不豫慮物不可以不先備及祭
則虛中以治之耳一有不豫一有不備則有以動
吾之心亂吾之誠非與神明交之道也
孝子將祭祀必有齊莊之心以慮事以具服物以脩
宮室以治百事及祭之日顔色必溫行必恐如懼不
及愛然其奠之也容貌必溫身必詘如語焉而未之

猶著孔子曰祭如在祭神如神在非謂是歟 ○輔
氏曰天地之性人爲貴人之行莫大於孝乃人之
心也先王能存其心故父母之容色自不忘於目
父母之聲音自不絶於耳父母之心志嗜欲自不
忘乎心此固非勉強矯拂之所能然也亦致吾心
之愛與敬而已故曰致愛則存致慤則著愛則心
也故曰存慤則誠也故曰著存雖若存於內著雖
著著於外然誠不可以內外言故終之以著存不
忘於心著存不忘乎心則洋洋乎如在其上如在
其左右不可度思矧可射思夫安得不敬乎又曰

『예기禮記』「제의祭義」

효자가 제사지내려 할 때는 그 일을 미리부터 생각해서 준비하지 않으면 안 된다. 시기에 맞추어 필요한 물품을 갖추어 두지 않으면 안 되고 잡념이 없는 텅 빈 마음의 상태에서 일들을 행해야 한다.

孝子將祭 慮事不可以不豫 比時具物 不可以不備 虛中以治之

'비시比時'는 시기에 맞춤이니, 예를 행할 시기가 된 것을 말한다. '구물具物'은 그릇과 제찬祭饌 따위를 진설하는 것이다. '허중虛中'은 맑고 또렷함이 몸에 갖추어져 있어서 마음에 잡념이 없는 것이다.

比時 及時也 謂常行禮之時 具物 陳設器饌之屬 虛中 淸明在躬 心無雜念也

보씨가 말하였다.

"제사지내려 할 때에 제사지낼 일을 미리 생각하지 않을 수 없고, 제사에 필요한 물건을 미리 준비하지 않을 수 없다. 제사지낼 때가 되면 잡념이 없는 텅 빈 마음의 상태에서 일들을 행할 뿐이다. 하나라도 미리 생각하지 않거나 하나라도 갖추어지지 않으면 내 마음이 동요되고 내 정성이 어그러지게 되니, 신명과 접하는 도리가 아니다."

輔氏曰 事不可以不豫慮 物不可以不先備 及祭則虛中以治之耳 一有不豫 一有不備 則有以動吾之心 虧吾之誠 非與神明交之道也

효자가 장차 제사지내려 하면 반드시 엄숙한 마음으로 일을 생각하고 의복과 기물을 갖추며 궁실을 수리하며 온갖 일을 다스린다. 제삿날에는 얼굴빛을 반드시 온화하게 하고 행동을 반드시 조심히 하여 사랑하는 마음이 미치지 못할까 두려워 하듯이 한다. 음식을 올릴 때는 용모를 반드시 온화하게 하고 몸은 반드시 굽혀, 말씀을 하실 듯 하면서 아직 하지 않은 것처럼 한다. 집사들이 모두 나가서 서 있을 때는 유순하고 바르게 하여, 부모를 장차 뵙지 못할 것처럼 한다. 제사지낸 뒤에는 부모를 생각하는 마음이 안팎으로 나타나陶陶遂遂 다시 장차 들어오실 듯이 여긴다. 이런 까닭으로 성실하고 선량한 동작이 몸에서 어긋나지 않고 듣고 보는 것이 마음에 어긋나지 않으며 생각하는 것이 부모에게서 떠나지 않고 마음에 맺히고 얼굴에 나타나서 매사에 살피는 것이 효자의 뜻이다.

孝子將祭祀 必有齊莊之心 以慮事 以具服物 以修宮室 以治百事 及祭之日 顏色必溫 行必恐 如懼不及愛然 其奠之也 容貌必溫 身必詘 如語焉而未之然 宿者皆出 其立卑靜以正 如將不見然 及祭之後 陶陶遂遂 如將復入然 是故 慤善不違身 耳目不違心 思慮不違親 結諸心 形諸色 而術省之 孝子之志也

'성실하고 선량한 동작이 몸에서 어긋나지 않음慤善不違身'은 두루 행동하고 오르고 내림에 공경하지 않음이 없는 것이다. '보고 듣는 것이 마음에서 어긋나지 않음'은 듣고 보는 것이 마음에 간직된 것을 어지럽히지 못함이다. 맺혔다는 것은 풀 수 없다는 뜻이다. '술術'은 '술述'과 같고, '술성術省'은 '순성循省'과 같으니, 매사에 생각하고 살피는 것을 말한다.

慤善不違身 周旋升降 無非敬也 耳目不違心 所聞所見 不得以亂其心之所存也 結者 不可解之意 術與述同 術省猶循省也 謂每事思省

然宿者皆出其立畢靜以正如將弗見然及祭之後
陶陶遂遂如將復入然是故慤善不違身耳目不違
心思慮不違親結諸心形諸色而術省之孝子之志
也慤善不違身周旋升降無非敬也耳目不違心所聞所見不得以亂其心之所存也結者不可解之意術與述同述省猶循省也謂每事思省
語而未之然於其往也如將弗見然及既往也又
如將復入然則是孝子之思其親無物足以慊其
心無時可以絕其念如懼不及愛然即前經所謂
致愛則存是矣如語焉而未之然即所謂如親聽
命是矣如將弗見然即所謂如將失之是矣如將

一息不敬則絶于理絶于理則辱其親矣故生則
敬養死則敬享是乃思終身弗辱也

孝子將祭慮事不可以不豫比時具物不可以不備
虛中以治之（比時及時也謂當行禮之時具物陳設器饌之屬虛中淸明在躬心無雜念也）
輔氏曰事不可以不豫慮物不可以不先備及祭
則虛中以治之耳一有不豫一有不備則有以動
吾之心亂吾之誠非與神明交之道也

孝子將祭祀必有齊莊之心以慮事以具服物以脩
宮室以治百事及祭之日顔色必溫行必恐如懼不
及愛然其奠之也容貌必溫身必詘如語焉而未之

방씨가 말하였다.

"오시려고 할 때는 사랑하는 마음이 지극하지 못할까 두려워하는 것처럼 하고, 이미 오셨을 때에는 또 말씀하실 듯 하면서도 하지 않은 것처럼 하고, 가시려고 할 때는 장차 보지 못할 것처럼 하고, 이미 가셨을 때는 또 장차 다시 들어오실 것처럼 하니, 효자가 부모를 생각함에 그 마음을 흡족하게 할 만한 사물이 없고 그 생각을 끊어버릴 만한 때가 없음이다. '사랑하는 마음이 지극하지 못할까 두려워하는 것처럼 한다.'고 함은 곧 앞의 경문에 이른바 '사랑을 다하면 간직된다.'는 것이 이것이요, '말씀하실 듯 하면서도 하지 않은 것처럼 한다.'고 함은 곧 이른바 '부모의 명을 친히 듣는 것 같이 한다.'는 것이 이것이요, '장차 보지 못할 것처럼 한다.' 고 함은 곧 이른바 '장차 잃을 것처럼 한다.'는 것이 이것이요, '장차 다시 들어오실 것처럼 한다.'고 함은 곧 이른바 '또 따라서 생각한다.'는 것이 이것이다. 사랑한다는 것은 그 부모를 사랑함이니, 사랑함이 미치지 못할까 두려워한다는 것은 부모를 사랑하는 마음이 지극하지 못할까 두려운 것이다. 말씀은 부모가 하시는 말씀이니, 말해도 미처 하지 않은 듯 함은 부모께서 하고자 하는 말씀이 있으나 미처 드러내지 않음이다. '요요陶陶'는 부모를 생각하는 마음이 안에 있음을 말함이요, '수수遂遂'는 부모를 생각하는 마음이 밖으로 나타남을 말함이다. 제사지낸 뒤에도 이와 같은 것은 장차 다시 들어오실 것 같기 때문이다."

方氏曰 於其來也 如懼不及愛然 及既來也 又如語而未之然 於其往也 如將不見然 及既往也 又如將復入然 則是孝子之思其親 無物足以慊其心 無時可以絶其念 如懼不及愛然 卽前經所謂致愛則存 是矣 如語焉而未之然 卽所謂如親聽命是矣 如將弗見然 卽所謂如將失之是矣 如將復入然 卽所謂又從而思之是矣 愛者愛其親也 懼不及愛者 懼愛親之心有所未至也 語者親之語也 語而未之然 如親欲有所語而未發也 陶陶 言思親之心存乎內 遂遂 言思親之心達乎外 祭後猶如此者 以其如將復入故也

섭씨[13]가 말하였다.

"얼굴빛이 온화하다는 것은 기뻐하는 빛이 있음이다. 용모가 온화하다는 것은 유순한 모습이 있음이다. 몸을 낮추고 고요하고 바르게 함은 깊이 생각하는 것이 있음이다. 대개 기뻐하는 빛이 있으면 장차 거기에 미치려고 하기 때문에 행동은 반드시 두려운 듯이 하게 되고, 유순한 모습이 있으면 장차 그것을 들으려고 하기 때문에 몸을 반드시 굽히게 되고, 깊이 생각하는 것이 있으면 장차 부모를 뵈려 하기 때문에 서되 반드시 바르게 설 것이다. '요요'는 그 기운이 화락함이요, '수수'는 그 뜻을 얻음이다. 안으로 성실한데도 몸에서 어긋나지 않는다고 말한 것은 밖에서 응함이 있어서 이고, 이목이 밖에 있는데도 마음에서 떠나지 않는다고 말한 것은 안에서 주장함이 있어서 이다. 안과 밖이 안정된 이후에 부모를 사랑하는 마음이 지극해진다."

葉氏曰 顔色溫者 有愉色也 容貌溫者 有婉容也 卑靜以正者 有深思也 蓋有愉色 則若將及之 故行必恐 有婉容 則若將聽之 故身必詘 有深思 則若將見之 故立必正 陶陶者 其氣和也 遂遂者 其志得也 慤善於內而言不違身者 以其有應於外 耳目在外而言不違心者 以其有主於內 內外定而後 爲愛親之至

13 섭씨(葉氏): 이름은 몽득(夢得), 자는 소온(少蘊), 호는 석림(石林)이다. 저서에 『석림연어(石林燕語)』가 있다.

言思親之心存乎內遂遂言思親之心達乎外祭後猶如此者以其如將復入故也○葉氏曰顏色溫者有愉色也容貌溫者有婉容也卑靜以正者有深思也蓋有愉色則若將及之故行必恐有婉容則若將聽之故身必詘有深思則若將見之故立必正陶陶者其氣和也遂遂者其志得也慤善於內而言不違身著以其有應於外耳目在外而言不違心者以其有主於內內外定而後爲慤親之至

孝子之祭可知也其立之也敬以詘其進之也敬以

意術與述同述省猶循省也謂每事思省

方氏曰於其來也如懼不及愛然及既來也又如語而未之然於其往也如將弗見然及既往也又如將復入然則是孝子之思其親無物足以慊其心無時可以絶其念如懼不及愛然即前經所謂致愛則存是矣如語焉而未之然即所謂如親聽命是矣如將弗見然即所謂如將失之是矣如將復入然即所謂又從而思之是矣愛者愛其親也懼不及愛者懼愛親之心有所未至也語者親之語也語而未之然如親欲有所語而未發也陶陶

『예기禮記』「제의祭義」

효자의 제사는 알 수 있다. 그가 서 있을 적에는 공경하여 몸을 굽히고, 앞으로 나가면 공경하여 안색을 부드럽게 하고, 음식을 올림에는 공경하여 흠향하시기를 바란다. 물러나 서 있을 때는 장차 명을 받을 것처럼 하고, 음식을 거두고 물러나서는 공경하여 재계하는 기색이 얼굴에 끊어지지 않는다.

효자의 제사에 서 있으면서 몸을 굽히지 않으면 고루한 것이요, 앞으로 나아갈 때 온화하게 하지 않으면 소원한 것이요, 음식을 올리면서 흠향하기를 바라지 않으면 사랑하지 않는 것이요, 물러나 서서 명을 받을 것처럼 하지 않으면 오만한 것이요, 음식을 거두고 물러서서 공경하여 재계하는 안색이 없으면 근본을 잊은 것이니, 이와 같이 하는 제사는 잘못이다.

孝子之祭可知也 其立之也 敬以詘 其進之也 敬以愉 其薦之也 敬以欲 退而立 如將受命 已徹而退 敬齊之色不絶於面.

孝子之祭也 立而不詘 固也 進而不愉 疏也 薦而不欲 不愛也 退立而不如受命 敖也 已徹而退無敬齊之色 而忘本也 如是而祭失之矣

방씨가 말하였다.

"'효자의 제사는 알 수 있다.'는 것은 제사지내는 모습을 보면 그 마음가짐을 알 수 있다는 말이요, '선다.'는 것은 바야흐로 일을 기다리며 서있는 것이요, '앞으로 나간다.'는 것은 이미 일을 따라서 나가는 것이요, '음식을 올린다.'는 것은 제물을 받들어 올리는 것이요, '물러가서 선다.'는 것은 나갔다가 다시 물러나는 것이요, '음식을 거두고 물러간다.'는 것은 이미 올린 뒤에 거두는 것이다. 대개 물러나 서는 것은 조금 물러나 서는 것이요, 이미 거두고 물러나는 것은 때가 되어 물러남이니, 이것이 다른 점이다. 서 있을 적에는 공경하여 굽히니 몸을 굽혀서 자세를 바꾸는 것이다. 그러므로 서 있으면서 굽히지 않음은 고루한 것이다. 앞으로 나감에는 공경하여 온화하게 하니 안색을 부드럽게 하여 그 부모를 모심이다. 그러므로 앞으로 나아감에 온화하지 않음은 소원하게 여기는 것이다. 음식을 올림에는 공경하여 흠향하게 하고자 하는것은, 진심으로 흠향하시기를 바라는 것이다. 그러므로 음식을 올리면서 흠향하게 하고자 아니하면 사랑하지 않는 것이다. 물러나 서서 장차 부모의 명을 받들 듯이 공손히 한다는 것은 순순히 들으면서 소홀히 하지 않으려는 것이다. 그러므로 물러나 서서 명을 받들 듯이 공손히 하지 않음은 오만한 것이다. 이미 제물을 거두고 물러나서도 공경하고 재계하는 안색이 얼굴에서 끊어지지 않는 것은 마지막을 처음하는 것처럼 신중히 하는 것이다. 그러므로 이미 제물을 거두고 물러서면서 공경하고 재계하는 안색이 없으면 근본을 잊은 것이다."

方氏曰 孝子之祭可知者 言觀其祭 可以知其心也 立之者 方待事而立也 進之者 旣從事而進也 薦之者 奉物而薦也 退而立者 進而復退也 已徹而退者 旣薦而後徹也 蓋退而立 則小[14]退而立 已徹而退 則於是乎退焉 此其所以異也 立之敬以詘 則身之詘[15]而爲之變焉 故立而不詘固也 進之敬以愉 則色之愉而致其親焉 故進而不愉 疏也 薦之敬以欲 則心之欲而冀其享焉 故薦而不欲 不愛也 退而立如將受命 則順聽而無所忽焉 故退立而不如受命 敖也 已徹而退敬齊之色不絶於面 則愼終如始矣 故已徹而退 無敬齊之色 而忘本也

14 『예기집설』에는 小가 少로 되어 있다.

15 『예기집설』에는 詘이 屈로 되어 있다.

薦之者奉物而薦也退而立者進而復退也已徹
而退者旣薦而後徹也盖退而立則小退而立己
徹而退則於是乎退焉此其所以異也立之敬以
詘則身之詘而爲之變焉故立而不詘固也進之
敬以愉則色之愉而致其親焉故進而不愉疏也
薦之敬以欲則心之欲而冀其享焉故薦而不欲
不愛也退而立如將受命則順聽而無所忽焉故
退立而不如受命敎也已徹而退敬齊之色不絶
於面則愼終如始矣故已徹而退無敬齊之色而
忘本也○慕容氏曰君子以所性爲本故能達而

於內而言不違身者以其有應於外耳目在外而
言不違心者以其有主於內內外定而後爲愛親
之至

孝子之祭可知也其立之也敬以詘其進之也敬以
愉其薦之也敬以欲退而立如將受命已徹而退敬
齊之色不絕於面孝子之祭也立而不詘固也進而
不愉疏也薦而不欲不愛也退立而不如受命敖也
已徹而退無敬齊之色而忘本也如是而祭失之矣

方氏曰孝子之祭可知者言觀其祭可以知其心
也立之者方待事而立也進之者既從事而進也

모용씨가 말하였다.

"군자는 부여받은 본성을 근본으로 삼기 때문에 능히 통달하여 용모가 갖추어져 공경하고 재계하는 안색이 얼굴에서 끊어지지 않으니, 근본이 있는 사람은 이와 같다. 이제 이런 안색이 없는 것은, 그 근본을 잊은 것이다. 마음에서 잊지 않으면 근본이 있고, 근본을 보존하면 그 용모가 있다. 이것이 안과 밖이 부합하는 것이다. 그 용모가 이와 같음을 보게 되면 근본이 없는 사람임을 알수 있다. 그래서 '이와 같이하는 제사는 잘못이다.'고 하였다. 앞의 태도로 제사지내면 그 마음을 알 수 있는 것은 그 근본을 따랐기 때문이고, 뒤의 태도로 제사지내면 잘못이라는 것은 그 근본을 잃어버렸기 때문이다. 군자는 근본에 힘쓰니, 이른바 근본이라는 것은 '효' 일 뿐이다. 그러므로 그 말은 반드시 효자에게 근본을 둔 것이다."

慕容氏曰 君子以所性爲本 故能達而爲容貌 敬齊之色不絶於面 有本者如是也 今無焉是忘其本也 心勿忘則有本 本存則有其容矣 此表裏之符也 覩其容如此 則知非有本者 故曰如是而祭失之矣 由前而祭 則可知其心 以循其本故也 由後而祭 則失之 以喪其本故也 君子務本 所謂本者 孝而已 故其言必本於孝子

육씨[16]가 말하였다.

"서 있으면서 굽히지 않음은 부모에게 으시댐이니, 그러므로 고루하다고 하는 것이며, 나아감에 부드러운 얼굴 빛을 하지 않음은 부모를 꺼림이니, 그러므로 소원하게 여긴다고 하는 것이다. 음식을 올리면서 하기 싫은 것을 어쩔 수 없이 올리는 것처럼 하면 사랑하지 않음이 이보다 큰 것이 없다. 물러나 서 있으면서 부모의 명을 받는 것처럼 하지 않으면 오만한 것이다. 무릇 제사는 재계를 근본으로 삼는다. 바야흐로 제사지내면서 온화하지 않은 것을 의심하고, 제사를 끝내고 재계하지 않는 것을 의심하며, 이미 제물을 거두었다고 부모를 잊어버리는 것을 가리켜 근본을 잊었다고 말하는 것이다."

陸氏曰 立而不詘 以其恃親 是故謂之固 進而不愉 以其憚親 是故謂之疏 薦而不欲 若不得已而後薦也 不愛莫大於是 退立而不如受命 敖也 凡祭以齊爲本 方祭嫌於不愉 祭已 嫌於不齊已徹而忘之 是之謂忘本

16 산음 육씨(山陰 陸氏;1042~1102): 이름은 전(佃), 자는 농사(農師), 호는 도산(陶山), 송대(宋代) 산음 사람이다. 일찍이 왕안석에게 사사하였으나 그의 신법을 옳게 여기지 않았다. 휘종 때 상서우승을 역임하였다. 저서에 『비아(埤雅)』, 『춘추후전(春秋後傳)』, 『예상도(禮象圖)』등이 있다.

曰立而不誠以其恃親是故謂之固進而不愉以
其憚親是故謂之疏薦而不欲若不得已而後薦
也不愛莫大於是退立而不如受命敎也凡祭以
齊爲本方祭嫌於不愉祭已嫌於不齊已徹而忘
之是之謂忘本

唯聖人爲能饗帝孝子爲能饗親饗者鄉也鄉之然
後能饗焉是故孝子臨尸而不怍獻尸薦豆齊齊乎
其敬也愉愉乎其忠也勿勿諸其欲其饗之也臨尸不怍
則其鄕親之心致愛致慤可知矣齊齊整肅之貌愉
愉其忠有和順之實也勿勿猶切切也諸語辭猶然
也

不發也退而立如將受命則順聽而無所忽焉故
退立而不如受命敎也已徹而退敬齊之色不絕
於面則愼無如始矣故已徹而退無敬齊之色而
忽本也○慕容氏曰君子以所性爲本故能達而
爲容貌敬齊之色不絕於面有本者如是也今無
焉是忽其本也心勿忽則有本本存則有其容矣
此表裏之符也觀其容如此則知非有本者故曰
如是而祭失之矣由前而祭則可知其心以循其
本故也由後而祭則失之以喪其本故也君子務
本所謂本者孝而已故其言必本於孝子○陸氏

『예기禮記』「제의祭義」

오직 성인聖人이라야 상제上帝에게 제사지낼 수 있고, 효자라야 부모에게 제사지낼 수 있다. 향饗은 향向한다는 말이다. 향하는 마음이 있은 뒤에 제사지낼 수가 있다. 이런 까닭으로 효자는 시尸에게 절을 해도 부끄럽지 않다. (군주가 희생을 끌고 오면 부인은 술을 올리고), 군주가 시에게 바치면 부인은 두豆를 올린다.[17] 정숙한 자세로 공경하고 온화한 자세로 충성하며, 간절하게 흠향하기를 원하는 것이다.

唯聖人爲能饗帝 孝子爲能饗親 饗者 鄕也 鄕之然後能饗焉 是故 孝子臨尸而不怍 獻尸薦豆 齊齊乎其敬也 愉愉乎其忠也 勿勿諸其欲其饗之也

시에게 절을 해도 부끄럽지 않다는 것은 부모를 향한 마음이 지극한 사랑과 지극한 정성임을 알 수 있다. '재재齊齊'는 정숙한 모양이다. '온화한 자세로 충성한다.'는 것은 화순한 실상이 있는 것이다. '물물勿勿'은 '절절切切'과 같고, '제諸'는 어조사로 '연然'과 같다.

臨尸不怍 則其鄕親之心 致愛致慤 可知矣 齊齊 整肅之貌 愉愉其忠 有和順之實也 勿勿 猶切切也 諸 語辭 猶然也

17 『예기』「제의」의 원문; 君牽牲 夫人奠盎 君獻屍 夫人薦豆 卿大夫相君 命婦相夫人 齊齊乎其敬也 愉愉乎其忠也 勿勿諸其欲其饗之也.

항씨[18]가 말하였다.

"사람으로서 신명에게 접하려면 슬프고 애타는 마음이 지극히 순수하여 신명처럼 변화하지 않고서는 통할 수가 없다. 그래서 '오직 성인이라야 상제에게 제사지낼 수 있고, 효자라야 부모에게 제사지낼 수 있다.' 고 하였으니, 어진 사람의 마음은 하늘 땅과 일체가 되고 효자의 마음은 부모와 한 사람이 되는 것이다."

項氏曰 以人而交於神 非惻怛純至與之俱化者 不能達也 故曰唯聖人爲能享帝 孝子爲能饗親 仁人之心與天地爲一體 孝子之心與父母爲一人

18 강릉항씨(江陵項氏)

項氏曰以人而交於神非惻怛純至與之俱化者不能達也故曰唯聖人爲能享帝孝子爲能饗親仁人之心與天地爲一體孝子之心與父母爲一人

文王之祭也事死者如事生思死者如不欲生忌日必哀稱諱如見親祀之忠也如見親之所愛如欲色然其文王與祭之明日明發不寐饗而致之又從而思之祭之日樂與哀半饗之必樂已至必哀

陳氏曰如不欲生似欲隨之死也宗廟之禮上不諱下故有稱諱之時如祭高祖則不諱曾祖以下

曰立而不詘以其恃親是故謂之固進而不愉以
其憚親是故謂之踈薦而不欲若不得已而後薦
也不愛莫大於是退立而不如受命敎也凡祭以
齊爲本方祭嫌於不愉祭已嫌於不齊已徹而忘
之是之謂忘本

唯聖人爲能饗帝孝子爲能饗親饗者鄉也鄉之然
後能饗焉是故孝子臨尸而不怍獻尸薦豆齊齊乎
其敬也愉愉乎其忠也勿勿諸其欲其饗之也臨尸不怍
則其鄉親之心致愛致慤可知矣齊齊整肅之貌愉
愉其忠有和順之實也勿勿猶切切也諸語辭猶然
也

문왕이 제사지낼 적에는 돌아가신 분 섬기는 것을 산 사람 섬기는 것과 같이 하였고, 돌아가신 분 생각하는 것을 살고 싶지 않은 듯이 하였으며, 기일에는 반드시 슬퍼하고, 휘諱를 부를 때는 부모를 뵙는 것과 같이 하였으니, 제사가 진실되었다. 부모가 사랑했던 것을 보면 부모가 가지고 싶어 했던 안색을 보는 듯이 한 분은 바로 문왕이었다. 제사지낸 이튿날 새벽까지 잠자지 않고, 제향을 하여 신이 이르게 하고 또 따라서 생각하였으니, 제사지내는 날에는 즐거움과 슬픔이 반반이다. 제향할 때는 반드시 즐겁고, 이미 끝나면 반드시 슬프다.

文王之祭也 事死者如事生 思死者如不欲生 忌日必哀 稱諱如見親 祀之忠也 如見親之所愛 如欲色然 其文王與 祭之明日 明發不寐 饗而致之 又從而思之 祭之日 樂與哀半 饗之必樂 已至必哀

진씨[19]가 말하였다.

"살고자 하지 않는 것과 같이 함은, 부모를 따라서 죽고자 하는 듯 함이다. 종묘의 예는 상위上位 앞에서 하위下位의 이름을 휘하지 않는다. 그러므로 휘를 부르면서 제사지낼 적에 예를 들어 고조를 제사지낼 때는 증조 이하를 휘하지 않는 것과 같다. 가지고자 하는 빛이 있는 것 같이 함은 부모가 평생 아꼈던 물건을 상상하기를 마치 부모가 가지고자 했던 안색을 뵙는 것 같이 함을 말한다. 제향할 때 반드시 즐거운 것은 오시는 것을 맞이하기 때문이요, 이미 이르렀다가 예가 끝나면 가버리기 때문에 슬프다."

陳氏曰 如不欲生 似欲隨之死也 宗廟之禮 上不諱下 故有稱諱之時 如祭高祖則不諱曾祖以下也 如欲色然 言其想像親平生所愛之物 如見親有欲之之色也 饗之必樂 迎其來也 已至而禮畢則往矣 故哀也

19 장락진씨(長樂陳氏)

방씨가 말하였다.

"'죽은 사람 섬기는 것을 산 사람 섬기는 것과 같이 한다.'는 것은 이른바 '제사지낼 때에 부모가 계신 듯이 한다.'는 것이다. '죽은 사람 생각하는 것을 살고자 하지 않는 것과 같이 한다.'는 것은 이른바 '아픔이 지극하다.'는 것이다. '기일에는 반드시 슬퍼한다.'는 것은 이른바 '종신토록 상이 있다.'는 것이다. '휘를 칭할 때에 부모를 뵙는 것 같이 한다.'는 것은 이른바 '이름을 들으면 마음이 두렵다.'는 것이다. '제사지내는 이튿날'이라는 것은 밤부터 새벽에 이르러 날이 밝을 때까지이다. 제사지내는 이튿날에도 이와 같은데, 하물며 제사지내는 그날임에랴. 장차 제사지냄에 재계하는 것은 가신 것을 미리 생각함이다. 그래서 '제향을 극진히 하고, 또 따라서 생각한다.'고 하였다. '제사지내는 날에는 즐거움과 슬픔이 반반'이라는 것은 음식을 차려 모심에는 반드시 즐겁고, 이미 끝나면 반드시 슬프기 때문이다. 음식을 차려 모시는 것이 반드시 즐거우니 오는 것을 즐겁게 맞이하고, 이미 끝나면 반드시 슬프니 부모가 가는 것을 슬피 생각한다. 앞의 경문에서 말한 '즐거움으로 오는 것을 맞이하고 슬픔으로써 가는 것을 보낸다.'는 것이 바로 이것을 말한 것이다."

方氏曰 事死如事生 所謂祭如在也 思死如不欲生 所謂至痛極也 忌日必哀 所謂有終身之喪也 稱諱如見親 所謂聞名心懼也 明發者 自夜至光明 開發時也 祭之明日 猶且如此 而況祭之正日乎 於將祭而齊焉 則逆思其所以去 故曰 享而致之 又從而思之 祭之日 樂與哀半者 以其饗之必樂 已至必哀故也 饗之必樂 則樂致其來 已至必哀 則哀思其去 前經言樂以迎來 哀以送往 正謂是矣

在也思死如不欲生所謂至痛極也忌日必哀所謂有終身之喪也稱諱如見親所謂聞名心瞿也明發者自夜至光明開發時也祭之明日猶且如此而況祭之正日乎於將祭而齊焉則逆思其所以去故曰享而致之又從而思之祭之日樂與哀半者以其饗之必樂已至必哀故也饗之必樂則樂致其來已至必哀則哀思其去前經言樂以迎半者以其饗之必樂已至必哀故也饗之必樂則樂致其來已至必哀則哀思其去前經言樂以迎來哀以送往正謂是矣○陳氏曰君子之於親生

文王之祭也事死者如事生思死者如不欲生忌日
必哀稱諱如見親祀之忠也如見親之所愛如欲色
然其文王與祭之明日明發不寐饗而致之又從而
思之祭之日樂與哀半饗之必樂已至必哀
陳氏曰如不欲生似欲隨之死也宗廟之禮上不
諱下故有稱諱之時如祭高祖則不諱曾祖以下
也如欲色然言其想像親平生所愛之物如見親
有欲之之色也饗之必樂迎其來也已至而禮畢
則往矣故哀也○方氏曰事死如事生所謂祭如

진씨가 말하였다.

"군자는 부모가 살아계실 적에 예로써 섬긴다. 그러므로 섬기는 날에는 기쁨과 두려움이 반반이니, 이른바 '부모의 연세를 알지 않아서는 안 되니, 한편으로는 기쁘고 한편으로는 두렵다.'[20]는 것이 이것이다. 돌아가신 뒤 제사지낼 적에 예로써 한다. 그러므로 제삿날에 즐거움과 슬픔이 반반이니, 이른바 '흠향하는 것은 반드시 즐거우나 이미 끝나면 반드시 슬프다.'는 것이 이것이다. 이미 끝나면 반드시 슬픈 것은 그 처음을 따져서 말함이고, 슬픔으로써 가는 것을 보내는 것은 그 끝을 요약한 것이다."

陳氏曰 君子之於親生 事之以禮 故事之之日 喜與懼半 所謂父母之年 不可不知 一則以喜 一則以懼是也 死祭之以禮 故祭之日 樂與哀半 所謂享之必樂 已至必哀是也 已至必哀 原其始也 哀以送往 要其終也

20 부모의……두렵다 :『논어』「이인(里仁)」 21장에 나오는 말이다.

半者以其饗之必樂已至必哀故也饗之必樂則
樂致其来已至必哀則哀思其去前經言樂以迎
来哀以送往正謂是矣○陳氏曰君子之於親生
事之以禮故事之之日喜與懼半所謂父母之年
不可不知一則以喜一則以懼是也死祭之以禮
故祭之日樂與哀半所謂享之必樂已至必哀是
也已至必哀原其始也哀以送往要其終也
君子有終身之喪忌日之謂也忌日不用非不祥也
言夫日志有所至而不敢盡其私也
陳氏曰忌日親之死日也不用不以此日爲他事

『예기禮記』「제의祭義」

◥

군자에게 종신토록 상이 있으니 기일을 말함이다. 기일에 다른 일을 하지 않는 것은 상서롭지 않아서가 아니다. 이날에는 뜻이 지극함이 있어서 감히 사사로운 일을 할수 없음을 말함이다.

君子有終身之喪 忌日之謂也 忌日不用 非不祥也 言夫日 志有所至 而不敢盡其私也

진씨가 말하였다.

"'기일'은 부모가 돌아가신 날이다. '불용不用'은 이날에 다른 일을 하지 않음이다. '부일夫日'은 '이날'과 같다. '뜻(마음)이 지극함이 있다.'는 것은 이 마음이 부모를 생각함이 지극한 것이다."

陳氏曰 忌日 親之死日也 不用 不以此日爲他事也 夫日 猶此日也 志有所至者 此心極於念親也

孝哀以送往正謂是矣○陳氏曰君子之於親生
事之以禮故事之之日喜與懼半所謂父母之年
不可不知一則以喜一則以懼是也死祭之以禮
故祭之日樂與哀半所謂享之必樂已至必哀是
也已至哀原其始也哀以送往要其終也

君子有終身之喪忌日之謂也忌日不用非不祥也
言夫日志有所至而不敢盡其私也
陳氏曰忌日親之死日也不用不以此日爲他事
也夫日猶此日也志有所至者此心極於念親也
祭統曰凡治人之道莫急於禮禮有五經莫重於祭

『예기禮記』「제통祭統」

「제통」에서 말하였다.

"무릇 사람을 다스리는 길은 예보다 급한 것이 없다. 예에는 다섯 가지 법도가 있으나 제사보다 중한 것은 없다. 제사는 밖에서 오는 일이 아니라 안에서 나오나니, 마음에서 생기는 것이다. 마음으로 두려워하여 예로써 받든다. 이 때문에 오직 현자만이 제사의 뜻을 다할 수 있다."

祭統曰 凡治人之道 莫急於禮 禮有五經 莫重於祭 夫祭者 非物自外至者也 自中出 生於心也 心怵而奉之以禮 是故唯賢者 能盡祭之義

다섯 가지 법도는 길례 · 흉례 · 군례 · 빈례 · 가례의 다섯 가지 예이다. '마음으로 두려워한다.'는 것은 곧 앞 편의 '군자는 이것을 밟으면 반드시 처량하고 슬픈 마음이 생긴다.'는 것이니 마음에 감동함이 있는 것을 이른다.

五經 吉凶軍賓嘉之五禮也 心怵 卽前篇君子履之 必有悽愴之心 謂心有感動也

방씨가 말하였다.

“그 마음을 다하는 것은 제사의 근본이고, 그 제물을 다하는 것은 제사의 말단이다. 근본이 있은 뒤에 말단이 따라온다. 그러므로 제사는 밖에서 오는 일이 아니라 안으로부터 나오는 것, 즉 마음에서 생겨나는 것이다. ‘마음으로 두려워하여 예로써 받드는’ 것이라는 것은 마음이 안에서 감동하는 바가 있으므로 밖에서 예로써 받드는 것일 따름인지라, 대개 안으로부터 나오는 것이지 밖에서 오는 것이 아니다. 예로써 받든다는 것은 물건에 나타난 것이고, 제사의 뜻을 다하는 것은 마음에 보존된 것이다. 그 물건만 따르고 그 마음을 잊어버리는 사람은 보통사람이다. 마음에서 발하여 물건에 나타내는 사람은 군자이다. 그러므로 ‘오직 현자만이 제사의 뜻을 다할 수 있다.’고 하였다.”

方氏曰 盡其心者 祭之本 盡其物者 祭之末 有本然後 末從之 故祭非物自外至 自中出 生於心也 心怵而奉之以禮者 心有所感於內 故以禮奉之於外而已 蓋以其自中出 非外至者也 奉之以禮者 見乎物 盡之以義者 存乎心 徇其物而忘其心者 衆人也 發於心而形於物者 君子也 故曰 唯賢者 能盡祭之義

보씨가 말하였다.

“제사는 나의 정성과 공경일 따름이다. 그래서 ‘안으로부터 나오는 것, 즉 마음에서 생겨나는 것’이라고 하였다. 무릇 밖에 있는 물건은 그 마음을 돕는 것일 뿐이다. 그러므로 ‘밖에서부터 온 물건이 아니다.’고 한 것이다. 마음으로 두려워해서 예로써 받들다가, 밖으로 물건에만 신경을 쓰고 안으로 그 마음을 잊어버리는 경우가 있다. 그러므로 ‘오직 현자만이 제사의 뜻을 다할 수 있다.’고 하였다.”

輔氏曰 祭吾之誠敬耳 故曰自中出 生於心也 凡在外之物 所以將之而已 故曰非物自外至者也 心怵而奉之以禮 外循於物而內忘其心者有之矣 故曰唯賢者 能盡祭之義

者見乎物盡之以義者存乎心徇其物而忘其心
者衆人也發於心而形於物者君子也故曰唯賢
者能盡祭之義○輔氏曰祭吾之誠敬耳故曰自
中出生於心也凡在外之物所以將之而已故曰
非物自外至者也心怵而奉之以禮外徇於物而
內忘其心者有之矣故曰唯賢者能盡祭之義
祭者所以追養繼孝也孝者畜也順於道不逆於倫
是之謂畜
應氏曰追其不及之養而繼其未盡之孝也畜固
爲畜養之義而亦有止而畜聚之意焉○劉氏曰

陳氏曰忌日親之死日也不用下以此日爲他事
也夫日猶此日也忌者有所至者此心極於念親也

祭統曰凡治人之道莫急於禮禮有五經莫重於祭
夫祭者非物自外至者也自中出生於心者也心怵
而奉之以禮是故唯賢者能盡祭之義 五經吉凶軍賓嘉之五禮
也心怵即前篇君子履之必有怵惕之心謂心有感動也

方氏曰盡其心者祭之本盡其物者祭之末有本
然後末從之故祭非物自外至自中出生於心也
心怵而奉之以禮者心有所感於內故以禮奉之
於外而已蓋以其自中出非外至者也奉之以禮

『예기禮記』「제통祭統」

제사는 이미 멀어진 부모를 뒤좇아 봉양하고 그 효도를 계속하여 잊지 않기 위한 것이다. 효도란 기름이다. 도리를 따르고 인륜을 거스르지 않는 것, 이를 기름이라 한다.

祭者 所以追養繼孝也 孝者 畜也 順於道 不逆於倫 是之謂畜

응씨[21]가 말하였다.

"미처 다하지 못한 봉양을 뒤좇아 행하고, 미처 다하지 못한 효도를 이어서 하는 것이다. 휵은 본래 기른다는 뜻이나, 또한 멈추어 모은다[22]는 뜻이 있다."

應氏曰 追其不及之養 而繼其未盡之孝也 畜固爲畜養之義 而亦有止而畜聚之意焉

유씨가 말하였다.

"이미 멀어진 부모를 뒤좇아 봉양하고, 그 효도를 계속하여 잊지 않음이다. 축은 간직함이니, 마음속에 간직하여 잊지 않는 것이다. 이는 본성을 따르는 도리에 따르는 것이고 천성의 오륜에 거스르지 않는 것이다. 『시경』에 '마음으로 사랑하니 어찌 말하지 않겠는가마는, 마음속에 간직하고 있으니 어느 날인들 잊으리오.'[23]라고 하였으니, 이것이 휵畜의 의미이다."

劉氏曰 追養其親於旣遠 繼續其孝而不忘 畜者 藏也 中心藏之而不忘 是順乎率性之道而不逆天叙之倫焉 詩曰 心乎愛矣 遐不謂矣 中心藏之 何日忘之 此畜之意也

21 응씨: 金草應氏

22 주역의 大畜괘와 小畜괘 참조.

23 마음으로……잊으리오.:『시경』「소아(小雅)·습상(隰桑)」에 나오는 말이다.

방씨가 말하였다.

"추양追養과 계효繼孝에서 '양'은 부모를 섬기는 일을 하는 것이고, '효'는 부모를 섬기는 도리를 하는 것이니, '추'는 가버린 부모를 추모하는 것을 말하고, '계'는 끊어진 것을 잇는 것을 말한다. 효자가 그 부모를 섬길 적에 위로는 하늘의 도리에 순종하고 아래로는 인륜을 거스르지 않는 것, 이것을 축이라고 한다. 공자는 '부자의 도리는 천성이다.'[24]고 하였으니, 효가 하늘의 도리를 따르는 것임을 알 수 있다. 맹자는 '안으로는 곧 아버지와 아들이 사람의 큰 윤리이다.'[25]고 하였으니, 효는 인륜을 거스르지 않는 것임을 알 수 있다."

方氏曰 追養繼孝 養爲事親之事 孝爲事親之道 追言追其往 繼言繼其絶 孝子之事其親也 上則順於天道 下則不逆於人倫 是之謂畜 孔子曰 父子之道 天性也 則孝之順於天道可知 孟子曰 內則父子 人之大倫也 則孝之不逆於人倫可知

24 부자의 도리는 천성이다.:『효경(孝經)』「성치장(聖治章)」에 나오는 말이다.
25 안으로는……윤리이다.:『맹자』「공손추 하(公孫丑下)」 2장에 나오는 말이다.

追養其親於既遠繼續其孝而不忘畜者藏也中

心藏之而不忘是順乎率性之道而不違天氣之

倫焉詩曰心乎愛矣遐不謂矣中心藏之何日忘

之此畜之意也○方氏曰追養繼孝養為事親之

事孝為事親之道追言追其往繼言繼其絶孝子

之事其親也上則順於天道下則不逆於人倫是

之謂畜孔子曰父子之道天性也則孝之順於天

道可知孟子曰内則父子人之大倫也則孝之不

逆於人倫可知

是故孝子之事親也有三道焉生則養歿則喪喪畢

者見乎物盡之以義者存乎心徇其物而忘其心
者衆人也發於心而形於物者君子也故曰唯賢
者能盡祭之義○輔氏曰祭吾之誠敬耳故曰自
中出生於心也凡在外之物所以將之而已故曰
非物自外至者也心怵而奉之以禮外徇於物而
內忘其心者有之矣故曰唯賢者能盡祭之義

祭者所以追養繼孝也孝者畜也順於道不逆於倫
是之謂畜
應氏曰追其不及之養而繼其未盡之孝也畜固
爲畜養之義而亦有止而畜聚之意焉○劉氏曰

『예기禮記』「제통祭統」

이런 까닭으로 효자가 어버이를 섬김에는 세 가지 길이 있으니, 살아계시면 봉양하고, 돌아가시면 상을 치르고, 상을 마치면 제사지내는 것이다. 봉양은 그 순종하는 것을 살펴보고, 초상에는 그의 슬퍼함을 살펴보고, 제사에는 그의 공경함을 살펴봐야하니, 때에 맞게 이 세 가지 도리를 다하는 것이 효자의 행실이다.

是故孝子之事親也 有三道焉 生則養 沒則喪 喪畢則祭 養則觀其順也 喪則觀其哀也 祭則觀其敬 而時也 盡此三道者 孝子之行也

봉양은 순종을 위주로 하고, 상은 슬픔을 위주로 하고, 제사는 공경을 위주로 한다. '때'라는 것은 때에 맞게 사모하는 것이니, 예에서는 때가 중요한 것이다.

養以順爲主 喪以哀爲主 祭以敬爲主 時者 以時思之 禮時爲大也

방씨가 말하였다.

"부모의 뜻을 잘 봉양하는 것을 상책으로 삼고, 부모의 입과 몸을 잘 봉양하는 것을 하책으로 삼는 것, 이것이 봉양하는 순서이다. 목소리에 나타나고 의복에 나타나는 것, 이것이 상喪의 슬픔이다. 신명과 접하게 되는 것은 제사의 공경이고, 가끔 지내거나 자주 지내는 것은 제사의 시기이다. 공자가 말하기를 '봉양할 때는 그 즐거움을 다하고, 상을 치를 때는 그 슬픔을 다하며, 제사지낼 때는 그 엄숙함을 다한다.'[26]고 하였고, 또 말하기를 '봄가을에 제사지낼 때는 때에 맞게 사모한다.'[27]고 하였으니, 그 말이 바로 이것과 부합한다. 이 세 가지는 모두 효자가 항상 행하는 것이므로, '도가 행해져서 볼 만한 자취가 있다.'고 하였고 '효자의 행실'이라고 하였다."

方氏曰 以養志爲上 以養口體爲下 此養之順也 發於聲音而見於衣服 此喪之哀也 所以交於神明者 祭之敬也 所以節其疏數者 祭之時也 孔子曰 養則致其樂 喪則致其哀 祭則致其嚴 又曰 春秋祭祀 以時思之 其言正與此合 是三者 皆孝子之所常行 故曰 道行而有可見之迹 故曰 孝子之行也

26 봉양할……다한다.:『효경』「기효행장(紀孝行章)」에 나오는 말이다.
27 봄가을에……사모한다.:『효경』「상친장(喪親章)」에 나오는 말이다.

古氏曰以養志爲上以養口體爲下此養之順也發於聲音而見於衣服此喪之哀也所以交於神明者祭之敬也所以節其疏數者祭之時也孔子曰養則致其樂喪則致其哀祭則致其嚴又曰春秋祭祀以時思之其言正與此合是三者皆孝子之所常行故曰道行而有可見之迹故曰孝子之行也

論語曰祭如在祭神如神在

程子曰祭祭先祖也祭神祭外神也祭先主於孝祭神主於敬○朱子曰此門人記孔子祭祀之誠

之此畜之意也○古氏曰達養繼孝養爲事親之

事孝爲事親之道追言追其往繼言繼其絕孝子

之事其親也上則順於天道下則不逆於人倫是

之謂畜孔子曰父子之道天性也則孝之順於天

道可知孟子曰内則父子人之大倫也則孝之不

逆於人倫可知

是故孝子之事親也有三道焉生則養沒則喪喪畢

則祭養則觀其順也喪則觀其哀也祭則觀其敬而

時也盡此三道者孝子之行也養以順爲主喪以哀爲主祭以敬爲主時

者以時思之禮時爲大也

『논어』

『논어』에서 말하였다.

"제사지낼 적에는 조상이 있는 것 같이 하며, 신에게 제사지낼 적에는 신이 있는 것 같이 하셨다."

論語曰 祭如在 祭神 如神在

정자가 말하였다.

"제사지낸다는 것은 선조에게 제사지내는 것이다. 신에게 제사지낸다는 것은 밖의 신(선조 이외의 신)에게 제사지내는 것이다. 선조에게 제사지낼 적에는 효성을 위주로 하고, 신에게 제사지낼 적에는 공경을 위주로 한다."

程子曰 祭 祭先祖也 祭神 祭外神也 祭先 主於孝 祭神 主於敬

주자가 말하였다.

"이것은 문인이 공자가 제사지내는 성의를 기록한 것이다. 공자는 선조를 제사지냄에 효심이 순수하고 독실하여 비록 죽은 자가 이미 멀어졌지만 때에 따라 추모하는 마음이 마치 목소리와 모습을 접할 수 있는 듯이 효심을 다하여 제사지냈다. 밖의 신에게 제사지낸다는 것은 예컨대, 산천 · 사직 · 오사 따위와 구름과 우레를 일으킬 수 있는 산림 · 계곡의 신으로, 이것은 공자가 관직에 있을 때의 일이다. 그 정성과 공경을 다함으로써 엄숙하게 마치 신명이 와서 임하여 그와 접할 수 있는 듯이 하였다. 선조에게 제사지낼 때는 효성이 위주가 되고, 신에게 제사지낼 때는 공경이 위주가 되지만, 마치 계신 듯이 여기는 정성은 똑같다."

朱子曰 此門人記孔子祭祀之誠意 孔子祭先祖 孝心純篤 雖死者已遠 因時追思 若聲容可接得 竭盡孝心以祀之 祭外神 如山川社稷五祀之類與山林溪谷之神能興雲雷者 此孔子在官時也 盡其誠敬 儼然如神明之來格 得以與之接也 祭先 主於孝 祭神 主於敬 以如在之誠 則一

물었다.

“사람과 사물이 천지 사이에 있으면서 낳고 또 낳아서 끊이지 않는 것은 리理이고, 모여서 생겨나고 흩어져 죽는 것은 기氣이다. 기가 모여 여기에 있으면 리가 여기에 갖추어지니, 이제 기가 이미 흩어져 없다면 리는 어디에 머물겠는가? 그러나 나의 이 몸은 곧 할아버지와 아버지가 남긴 몸이니, 할아버지와 아버지가 남긴 기가 나에게 흘러 전해져서 일찍이 없어진 적이 없다. 혼魂은 올라가고 백魄은 내려가 비록 이미 변화하여 없어졌지만, 거기에 뿌리를 두었던 리가 이미 멈추거나 쉰 적이 없는데다, 나에게 구비된 기도 다시 중간에 끊어진 적이 없다. 내가 정성과 공경을 다하여 제사지내어 이 기가 순일하여 뒤섞임이 없으면, 이 리는 저절로 환하게 밝아져서 가려질 수 없으니, 이는 그 실마리를 뚜렷이 볼 수 있는 것이다.”

問 人物在天地間 其生生不窮者 理也 其聚而生 散而死者 氣也 氣聚在此 則理具於此 今氣已散而無矣 則理於何而寓耶 然吾之此身 卽祖考之遺體 祖考之氣 流傳於我 而未嘗亡也 其魂升魄降 雖已化而無 然理之根於彼者 旣無止息 氣之具於我者 復無間繼 吾能盡誠敬以祭之 此氣旣純一而無所雜 則此理自昭晰 而不可掩 此其苗脉之較然可覩者也

답하였다.

“사람의 기가 자손에게 전해지는 것은 마치 나무의 기가 열매로 전해지는 것과 같다. 이 열매가 전해져서 사라지지 않는다면, 그 살아 있던 나무가 비록 남김없이 말라죽고 훼손되더라도 이 열매에 있는 기는 여전히 그대로이다. 이런 점은 실제의 일로써 미루어 생각하면 저절로 의미가 드러난다.”

曰 人之氣 傳於子孫 如木之氣 傳於實 此實之傳不泯 則其生木 雖枯毁無餘 而氣之在此者 猶自若也 此等處從實事上推之 自見意味

子曰吾不與祭如不祭

今氣已散而無矣則理於何而寓邪然吾之此身
即祖考之遺體祖考之氣流傳於我而未嘗亡也
其魂升魄降雖已化而無然理之根於彼者既無
止息氣之具於我者復無間斷吾能盡誠敬以祭
之此氣既純一而無所雜則此理自昭晰而不可
掩此其苗脉之較然可覩者也曰人之氣傳於子
孫猶木之氣傳於實此實之傳不泯則其生木雖
枯毀無餘而氣之在此者猶自若也此等處從實
事上推之自見意味

論語曰祭如在祭神如神在

程子曰祭祭先祖也祭神祭外神也祭先主於孝
祭神主於敬○朱子曰此門人記孔子祭祀之誠
意孔子祭先祖孝心純篤雖死者已遠因時追思
若聲容可接得竭盡孝心以祀之祭外神如山川
社稷五祀之類與山林溪谷之神能興雲雨者此
孔子在官時也盡其誠敬儼然如神明之來格得
以與之接也祭先主於孝祭神主於敬而如在之
誠則一○問人物在天地間其生生不窮者理也
其聚而生散而死者氣也氣聚在此則理具於此

『논어』

공자가 말하였다.

"내가 제사에 참여하지 않으면 제사지내지 않은 것과 같다."

子曰 吾不與祭 如不祭

주자가 말하였다.

"제사지내야 할 때를 당하여 혹 다른 이유가 있어서 참석하지 못하고 다른 사람을 시켜 대신하게 한다면, 계신 듯이 한다는 정성을 다하지 못한 것이다. 그러므로 비록 제사는 지냈어도 마음 한 구석이 텅 빈 것 같아 제사지내지 않은 것과 같다. 정성이 있으면 범사凡事가 모두 있는 것이고, 정성이 없으면 범사가 모두 없는 것이다. 예컨대, 제사지낼 적에 정성이 있으면 저승과 이승이 곧 서로 접하고, 정성이 없으면 곧 모두 접할 수 없게 된다. 신명은 볼 수 없는 것이지만, 오직 마음이 정성과 공경을 다하여 제사지내는 신에게 오로지 하나로 집중하면 곧 양양洋洋하게 위에 계신 듯하고 좌우에 계신 듯 하다. 그런즉 신이 있음과 없음은 내 마음이 정성을 다하느냐 다하지 못하느냐에 달려 있는 것이지, 반드시 황홀한 사이에서 신을 구할 필요는 없다."

朱子曰 當祭之時 或有故不得與 而使他人攝之 則不得致其如在之誠 故雖已祭 而此心缺然如未嘗祭也 有誠則凡事都有 無誠則凡事都無 如祭有誠意 則幽明便交 無誠意便都不相接 神明不可見 惟心盡其誠敬 專一在於所祭之神 便見得洋洋 如在其上 如在其左右 然則神之有無 在此心之誠不誠 不必求之恍惚之間也

범씨가 말하였다.

"'군자가 제사지냄에 7일 동안 산재하고 3일 동안 치재하면 반드시 제사지내는 대상을 보게 되는 것은 정성이 지극하기 때문이다. 이 때문에 교郊에서 제사지내면[28] 천신이 감동하고 사당에서 제사지내면 사람 귀신이 흠향하는 것이니, 이는 모두 자신으로 말미암아 이루어지는 것이다. 정성이 있으면 신이 있고 정성이 없으면 신도 없으니 삼가지 않을 수 있겠는가? '내가 제사에 참여하지 않으면 제사지내지 않은 것과 같다.'고 하였으니, 정성이 실체이고 예는 형식이다."

范氏曰 君子之祭 七日戒 三日齊 必見所祭者 誠之至也 是故 郊則天神格 廟則人鬼享 皆由己以致之也 有其誠則有其神 無其誠則無其神 可不謹乎 吾不與祭 如不祭 誠爲實 禮爲虛也

28 교사(郊祀): 천지(天地)에 지내는 제사. 동지(冬至)에는 남교(南郊)에서 하늘에 제사지내고, 하지(夏至)에는 북교(北郊)에서 땅에 제사지낸다.

○范氏曰君子之祭七日戒三日齋必見所祭者
誠之至也是故郊則天神格廟則人鬼享皆由己
以致之也有其誠則有其神無其誠則無其神可
不謹乎吾不與祭如不祭誠爲實禮爲虛也

曾子曰愼終追遠民德歸厚矣

朱子曰愼終者喪盡其禮追遠者祭盡其誠蓋終
者人之所易忽也而能謹之遠者人之所易忘也
而能追之厚之道也故以此自爲則己之德厚下
民化之則其德亦歸於厚也○許氏曰常人之情
於親之終悲痛之情切而戒愼之心或不及親遠

桔毁無餘而氣之在此者猶自若也此等處從實
事上推之自見意味

子曰吾不與祭如不祭

朱子曰當祭之時或有故不得與而使他人攝之則不得致其如在之誠故雖已祭而此心缺然如未嘗祭也誠者實也有誠則凡事都有無誠則凡事都無如祭有誠意則幽明便交無誠意便都不相接神明不可見惟心盡其誠敬專一在於所祭之神便見得洋洋如在其上如在其左右然則神之有無在此心之誠不誠不必求之恍惚之間也

『논어』

증자가 말하였다.

"마지막을 신중히 하고 돌아가신 분을 추모한다면 백성들의 덕이 후한 데로 돌아갈 것이다."

曾子曰 愼終追遠 民德歸厚矣

주자가 말하였다.

"신종愼終이라는 것은 상례에 예를 다하는 것이요, 추원追遠이라는 것은 제사에 정성을 다하는 것이다. 대개 마지막은 사람들이 소홀하기 쉬운 것이지만 능히 신중히 하고, 멀어지면 사람이 잊기 쉬운 것이지만 능히 추모하는 것을 후덕함의 도리이다. 그러므로 이것을 스스로 행하면 자기의 덕이 두터워지고, 백성들이 교화되어 그들의 덕도 후한 데로 돌아가는 것이다."

朱子曰 愼終者 喪盡其禮 追遠者 祭盡其誠 蓋終者 人之所易忽也 而能謹之 遠者 人之所易忘也 而能追之 厚之道也 故以此自爲 則己之德厚 下民化之 則其德 亦歸於厚也

허씨[29]가 말하였다.

"보통 사람의 인정은 부모가 돌아가실 적에 비통한 심정이야 절실하지만 삼가는 마음이 미치지 못하기도 하고, 부모가 돌아가시어 제사지냄에 공경하는 마음이야 충분하지만 사모하는 마음이 소홀하기도 한다. 군자의 마음가짐은 이보다 더하여, 마지막 보낼 때에 이미 가슴치고 발을 구르며 통곡하고 흐느끼는 정을 다하는데다가, 또 상사喪死의 예를 신중히 하니, 예컨대 『예기』에 이른바 '빈殯을 함에 몸에 부착하는 모든 것을 반드시 정성스럽고 반드시 확실하게 하고, 장례를 치름에 관에 부착하는 모든 것을 반드시 정성스럽고 반드시 확실하게 해서 후회하는 일이 없게 해야 한다.'는 따위와 같다. 그리고 돌아가신 분을 제사지냄에 이미 효도와 공경의 뜻을 다하고 또 추모의 정을 지극히 하니 예컨대 『예기』에 이른바 '죽은 자를 제사지내는 것을 마치 살고 싶지 않은 것처럼 하고, 서리가 이미 내림에 구슬프고 슬픈 마음이 있고, 이슬이 내려 흠뻑 적심에 두렵고 놀라는 마음이 있다.'고 한 것 같은 따위이다." 또 말하였다. "상을 신중히 치름에 슬퍼하는 가운데 공경하는 마음이 있고, 멀어진 사람을 추모함에 공경하는 가운데 슬픈 마음이 일어난다."

許氏曰 常人之情 於親之終 悲痛之情切 而戒愼之心 或不及 親遠而祭 恭敬之心勝 而思慕之情 或踈 君子存心 則加於此 送終 旣盡擗踊哭泣之情 又愼喪死之禮 如禮記 殯而附於身者 必誠必信 葬而附於棺者 必誠必信 勿之有悔之類 祭遠者 旣盡孝敬之意 又致追慕之情 如禮記所謂祭死者 如不欲生 霜露旣降 有悽愴之心 雨露旣濡 有怵惕之心之類 又曰 愼終 存哀中之敬 追遠 動敬中之哀

29 허씨(許氏): 동양허씨(東陽許氏)

而祭恭敬之心勝而思慕之情或疎君子存心則
加於此送終旣盡擗踊哭泣之情又愼喪死之禮
如禮記殯而附於身者必誠必信葬而附於棺者
必誠必信勿之有悔之類祭遠者旣盡孝敬之意
又致追慕之情如禮記所謂祭死者如不欲生霜
露旣降有悽愴之心雨露旣濡有怵惕之心之類
又曰愼終存哀中之敬追遠動敬中之哀

右奉先雜儀本於朱文公家禮而參以司馬公
程氏祭禮及時俗之宜稍加損益務從簡易以
爲一家之禮庶幾宜於今而遵守勿替云爾夫

○范氏曰君子之祭七日戒三日齋必見所祭者
誠之至也是故郊則天神格廟則人鬼享皆由己
以致之也有其誠則有其神無其誠則無其神可
不謹乎吾不與祭如不祭誠爲實禮爲虛也

曾子曰愼終追遠民德歸厚矣

朱子曰愼終者喪盡其禮追遠者祭盡其誠蓋終
者人之所易忽也而能謹之遠者人之所易忘也
而能追之厚之道也故以此自爲則己之德厚下
民化之則其德亦歸於厚也○許氏曰常人之情
於親之終悲痛之情切而戒愼之心或不及親遠

발문
跋文

위의 『봉선잡의』는 『주문공가례朱文公家禮』를 근본으로 하고 사마광司馬光과 정자程子의 『제례祭禮』 및 시속의 적절함을 참조하여 조금 손익을 더하여 되도록 간결하고 쉽게 하여 한 집안의 예로 만든 것인데, 거의 지금 시대에 적절하니 준수하여 폐하지 말아야 하리라. 대저 제사의 뜻에는 근본이 있고 형식이 있다. 근본이 없으면 설 수 없고 형식이 없으면 행할 수 없으니, 마음에 간직한 것은 근본이고 물건에 나타난 것은 형식이다. 대개 반드시 형식과 근본을 아울러 극진하게 하여야 비로소 제사의 뜻을 다하였다고 말할 수 있다. 마음에 간직되어 있는 것 중에 미진한 것이 있으면 비록 절문節文을 갖추었다고 하더라도 이 역시 헛된 것이다. 그래서 또 예경의 글과 앞선 성현의 말씀 중에서 근본에 보답하고 먼 조상을 추모하는 의리를 밝힌 것을 모아서 별도로 한 편을 만들어 뒤에 덧붙였다. 어진 사람과 효자가 여기에 마음을 담아 깊이 체득하면 마음에 근거한 사랑과 공경의 마음이 저절로 우러나 스스로 그만둘 수 없게 될 것이다.

가정嘉靖 경술년(1550) 8월 갑자일에 여강驪江 이언적李彦迪이 삼가 쓰다.

右奉先雜儀 本於朱文公家禮 而叅以司馬公程氏祭禮及時俗之宜 稍加損益 務從簡易 以爲一家之禮 庶幾宜於今而遵守勿替云爾 夫祭祀之義 有本有文 無本不立 無文不行 存乎心者本也 著於物者 文也 蓋必文與本兼盡 始可謂之盡祭之義 存乎心者 有所未盡焉 則節文雖備是亦虛而已矣 故又採禮經之文及先聖賢之言 有明報本追遠之義者 別爲一篇 以附于後 仁人孝子 於此潛心而深體之 則愛敬之根於心者 油然以發 而自有不能已者矣

嘉靖庚戌八月甲子 驪江李彦迪謹書

右奉先雜儀本於朱文公家禮而參以司馬公程氏祭禮及時俗之宜稍加損益務從簡易以爲一家之禮庶幾宜於今而遵守勿替云爾夫祭祀之義有本有文無本不立無文不行存乎心者本也著於物者文也蓋必文與本兼盡始可謂之盡祭之義存乎心者有所未盡焉則節文雖備是亦虛而已矣故又採禮經之文及先聖賢之言有明報本追遠之義者別爲一篇以附于後仁人孝子於此潛心而深體之則愛敬之根於心者油然以發而自有不能已者矣嘉靖

庚戌八月甲子驪江李彦迪謹書

찾아 보기

가

나

다

아

자

차

타

파

하

이언적李彦迪(1491~1553)

이언적은 경주의 유네스코 세계문화유산인 양동마을 양좌촌良佐村에 있는 외할아버지 손소孫昭의 서재 서백당書百堂에서 태어났다. 본관은 여주驪州이고, 초명은 적迪이었으나 1521년 중종이 거듭 불러 나아갈 때에 중종의 명으로 언彦자를 더하였다. 자는 복고復古, 호는 회재晦齋와 자계옹紫溪翁을 썼다. 회재라는 호는 회암晦菴(주희의 호)의 학문을 따른다는 뜻이고, 자계옹은 낙향하여 자옥산紫玉山에 독락당獨樂堂을 짓고 살면서 사용한 것이다. 조고는 훈련원 참군參軍 이수회李壽會이고, 조비는 경주 김씨이며, 아버지는 생원 이번李蕃, 어머니는 경주 손씨이다. 배위는 함양 박씨이다. 열 살 때 아버지가 돌아가시자 외삼촌인 손중돈孫仲暾의 손에 양육되었고, 김종직의 문인이었던 외삼촌에게 성리학을 수학하였다. 이후 이언적은 조선시대 성리학 정립에 선구적인 인물로서, 주희朱熹의 주리론적 입장을 정통으로 확립하여 이황李滉에게 전해준다.

1514년(중종 9) 24세에 문과에 급제하여 이조정랑 · 사헌부장령 · 밀양부사를 거쳐 1530년 사간司諫사간이 되었다. 이때 김안로金安老의 등용을 반대하다가 관직에서 쫓겨나 독락당에 들어가서 성리학 연구에 전념하였다. 1537년 김안로 일당이 몰락하자 종부시첨정宗簿寺僉正으로 불려나와 홍문관교리 · 응교 · 직제학이 되었고, 전주부윤에 나가 선정을 베풀어 송덕비가 세워졌다.

이조 · 예조 · 형조의 판서를 거쳐 1545년(명종 즉위년) 좌찬성이 되었다. 이때 윤원형尹元衡 등이 을사사화를 일으키자 선비들을 심문하는 추관推官에 임명되었으나, 재판 당시 사림파들에 대한 관대한 판결을 내렸다. 윤원형과 이기李芑 등이 이것을 문제 삼았고 그도 관직에서 물러났다. 1547년(명종 2) 윤원형 세력이 반대파 인물들을 숙청하기 위해 조작한 양재역벽서사건良才驛壁書事件에 —'위로는 여주女主(문정왕후를 가리킴), 아래에는 간신 이기가 있어 권력을 휘두르니 나라가 곧 망할 것이다'는 내용의 벽서— 무고하게 연루되어 평안도 강계江界로 유배되었고, 그곳에서 많은 저술을 남긴 후 63세로 세상을 떠났는데, 『봉선잡의』가 그 중의 하나이다. 그가 유배생활을 하는 동안 남긴 저술은 『구인록求仁錄』(1550) · 『대학장구보유大學章句補遺』(1549) · 『중용구경연의中庸九經衍義』(1553) · 『봉선잡의奉先雜儀』(1550) 등이다.

이언적은 안타깝게도 유배지에서 어머니와 아우 이언괄李彦适의 부음을 들어야만 했다. 어머니를 모시기 위해 지방관으로 나가기 원할 만큼 효심이 깊었던 그로서는 직접 빈소에서 송종送終의 예를 다하지 못하는 뼈아픈 회한을 가지고 있었는데, 장남이 할 모든 일을 맡고 있던 아우마저 세상을 버리니 마음 둘 곳을 잃어버린 듯 통곡으로 제문을 써내려간다. 아우가 세상을 버린 1553년 그 해에 이언적도 시름시름 앓다 세상을 버리게 된다.

그는 사화가 거듭되는 사림의 시련기에 살았던 선비로서, 을사사화 때는 좌찬성 · 판의금부사의 중요한 직책으로 사림과 권력층 간신 사이에서 억울한 사림의 희생을 막으려고 노력하다가 결국 사화의 희생물이 되고 말았다. 1610년(광해군 2) 문묘에 종사되었고, 경주의 옥산서원玉山書院 등에 제향되었다. 시호는 문원文元이다